汉译世界学术名著丛书

法兰西君主制度

〔法〕克劳德·德·塞瑟尔 著

董子云 译

商务印书馆
The Commercial Press
创于1897

Claude de Seyssel

LA GRAND' MONARCHIE DE FRANCE

Galiot Du Pré

Paris, 1557

据加里奥·杜·普雷出版商1557年版译出

汉译世界学术名著丛书
出 版 说 明

我馆历来重视移译世界各国学术名著。从 20 世纪 50 年代起，更致力于翻译出版马克思主义诞生以前的古典学术著作，同时适当介绍当代具有定评的各派代表作品。我们确信只有用人类创造的全部知识财富来丰富自己的头脑，才能够建成现代化的社会主义社会。这些书籍所蕴藏的思想财富和学术价值，为学人所熟悉，无须赘述。这些译本过去以单行本印行，难见系统，汇编为丛书，才能相得益彰，蔚为大观，既便于研读查考，又利于文化积累。为此，我们从 1981 年着手分辑刊行，至 2024 年已先后分二十二辑印行名著 1000 种。现继续编印第二十三辑，到 2025 年出版至 1050 种。今后在积累单本著作的基础上仍将陆续以名著版印行。希望海内外读书界、著译界给我们批评、建议，帮助我们把这套丛书出得更好。

商务印书馆编辑部

2024 年 12 月

译　序

　　萨伏依(Savoie)法学家克劳德·德·塞瑟尔(Claude de Sey-
ssel)的《法兰西君主制度》是16世纪上半叶法国政治思想史领域
难以绕过的重要经典。在向读者呈现这部初版距今已有500余年
的作品的中译本之前,有必要首先就这部作品的思想背景以及写
作特色作简要的介绍。

　　塞瑟尔于1450年左右出生在艾克斯莱班(Aix-les-Bains)。这
座坐落于阿尔卑斯山麓、布尔热湖(Lac du Bourget)东岸的城市在
当时属于萨伏依公爵领。这也就是为什么在《法兰西君主制度》中
(见作者前言、第二部分第一章①),他以外国人自居,反复提及自己
特殊的身份。塞瑟尔是私生子,他的父亲也叫克劳德·德·塞瑟
尔,是萨伏依公国的元帅(maréchal)、皮埃蒙特总督。他也许在
1495年(确定在1501年以前)以后就获得了合法继承人的身份,因
此用"塞瑟尔的克劳德"取代了自己之前所使用的"艾克斯的克劳
德"(Claude d'Aix)。②

　　对于塞瑟尔的早年求学经历,我们知之不详。根据较为公认

---

　　①　以下引用《法兰西君主制度》,随文标注其所在部分和章。
　　②　Paolo Rosso, "Seyssel, Claudio," in *Dizionario biografico degli Italiani*,
vol. XCII, Roma: Istituto della Enciclopedia Italiana, 2018, p. 369.

的年代考订以及他晚年撰写的《论神意》（*De divina providentia*）中的自述①，我们知道年轻的塞瑟尔在意大利学习双法——教会法与罗马法。在 15 世纪 60 年代，塞瑟尔开始在都灵学习法律，师从贾科米诺·迪·圣乔治奥（Giacomino di San Giorgio），一位封建法的专家。随后他又赴帕维亚求学，结识了罗马法名家贾森·德·梅诺（Jason de Mayno）。1486 年，塞瑟尔终于在都灵成为双法博士。作为法学家，与他大部分同行一样，塞瑟尔最初的工作是讲授《民法大全》。他接替贾科米诺讲授早上的常规课程（lectura ordinaria de mane），对《学说汇纂》中"论正义与法"（De iustitia et iure）一题的"Ut vim"法（D. 1. 1. 3）作了精讲②，还完成了一部对《封土之律》（*Libri Feudorum*）的评注作品《封土之鉴》（*Speculum Feudorum*）。他在法学界的声名还从这一点上可见一斑：16 世纪初出版的《巴托鲁斯全集》中也收录了他的补注③。因此，塞瑟尔在撰写《法兰西君主制度》之前，早已是颇有名气的法学家。④

---

①　有关塞瑟尔的生平，参见 Charles Dufayard, *De Claudii Seisselii vita et operibus*, Paris: Hachette, 1892; Alberto Caviglia, *Claudio di Seyssel (1450 - 1520): La vita nella storia di suoi tempi*, Turin: Fratelli Bocca Librai di S. M. , 1928。

②　F. A. Goria et P. Eichel-Lojkine, "Seyssel, Claude de," in Bruno Méniel, ed. , *Écrivains juristes et juristes écrivains du Moyen Age au siècle des Lumières*, p. 1174. 塞瑟尔对《学说汇纂》的其他一些部分还作了精讲。详尽的罗列参见 F. A. Goria, "Il diritto feudale fra tradizione ed innovazione: Genesi e fortuna dello Speculum Feudorum di Claude de Seyssel," *Rivista di storia del diritto italiano*, vol. 79, 2006, pp. 223 - 224。

③　*Commentaria in sex partes Digestorum et Codicis cum tractatu compendioso feudorum*, Milan: Alexandre Minuziano, 1508.

④　他的学生中有日后编订其《封土之鉴》的多美尼科·德圣杰尔马诺（Domenico de San Germano）；《勃艮第习惯法评注》的作者，16 世纪著名法学家巴泰勒米·德沙瑟纳（Barthélemy de Chasseneuz）也是他的学生。参见 Claude de Seyssel, *The Monarchy of France*, J. H. Hexter, trans. , Donald R. Kelley, ed. , New Haven: Yale University Press, 1981, p. 4。

15 世纪后半叶也是法国向萨伏依扩张影响的时代。查理八世的意大利战略使得萨伏依成为法国进军意大利的桥头堡。塞瑟尔家族恰好是亲法的萨伏依派（对抗皮埃蒙特派），这让塞瑟尔得以与法国宫廷有频繁的往来。他凭借法学家的职业素养受到两代法国国王（查理八世和路易十二）的重用。15 世纪 90 年代，一方面他在大学教学，另一方面法国国王查理八世也委托给他外交任务。路易十二也任命塞瑟尔为顾问，处理自己与第一任配偶法兰西的让娜（Jeanne de France）的离婚问题。塞瑟尔1498 年担任大法院推事，1499 年入图卢兹高等法院任推事，同年赴米兰任元老院元老，介入米兰这块新领地的统治事宜。塞瑟尔是路易十二的歌颂者①，并曾代表路易十二出使罗马、伦敦和伯尔尼等地。而在从事繁忙的外交工作的同时，他也形成了对希腊古典作品的浓厚兴趣。他将为数众多的历史著作翻译成法语，献给法国国王和其他重要的西欧王侯。塞瑟尔的工作为他带来了回报：1509 年受任马赛主教，1517 年升任都灵大主教。

《法兰西君主制度》完成于 1515 年二三月间。之后，塞瑟尔将一部装帧华丽的手抄本进献给了登基不久的弗朗索瓦一世，而出版印刷本则是 4 年后的事。而 1515 年也是塞瑟尔从世俗政治舞台退隐的时候。在《法兰西君主制度》中，他表示自己打算到他的教区尽主教的职责（第二部分第 14 章）。在生命的最后几年，他致

---

① *Les Louenge du roy Louys XII*，Paris：A. Vérard，1508；*La victoire du Roy contre les Veniciens*，Paris：A. Vérard，1510.

力于治理自己的教区,因此也写作了几部宗教主题的作品①,可谓言行一致。塞瑟尔于 1520 年,也就是《法兰西君主制度》印刷本出版的一年之后去世。

综观塞瑟尔的生平,他的法学训练、翻译活动和实践经历构成了《法兰西君主制度》写作最为重要的渊源。以下,我们将分别简述这三方面影响在《法兰西君主制度》的文本中有何具体体现,进而评价塞瑟尔与中世纪传统和文艺复兴运动的关联。至于这一文本的政治思想渊源,孟广林教授已有两篇论文可供中文读者参考。②

一、法学影响

总体而言,塞瑟尔是一位传统的法学家,基本没有受到人文主义法学的影响。但在传统的法学家中,他又是别具一格的,因为他尤为注重论述的清晰简洁,这一风格延续到了《法兰西君主制度》。

出生于 1450 年左右的塞瑟尔可谓与人文主义法学擦肩而过。人文主义法学以语文学和历史批判方法研究罗马法,对中世纪的

---

① *Explanatio moralis in primum caput Evangelii Divi Lucae*,Paris:Bade,1515;*De triplici statu viatoris*,Turin:N. Benedictus,1518;*De Divina Providentia*,Paris:R. Chaudière,1520;*Adversus errors et sectam Valdensium disputationes*,Paris:R. Chaudière,1520.

② 孟广林:《试论塞瑟尔的"新君主制"学说》,《史学月刊》2004 年第 6 期;《塞瑟尔的〈法国君主制度〉与"新君主制"学说》,《历史研究》2004 年第 2 期。

另可参见译者在本序言基础上撰写的论文。董子云:《论对王权及其约束——克劳德·德·塞瑟尔〈法兰西君主制度〉核心概要考释》,《法国研究》2024 年第 1 期。

法学传统嗤之以鼻。而它的两大代表人物——纪尧姆·比代
（Guillaume Budé，1467—1540）和安德里亚·阿尔恰托（Andrea
Alciato，1492—1550）——年纪都比塞瑟尔小很多。塞瑟尔讲学立
说的"黄金时代"是 15 世纪的最后 10 年，而比代发表《学说汇纂评
注》（*Annotationes ad Pandectas*）是在 1508 年，阿尔恰托在布尔日
引领学术风潮则是 1530 年以后的事。与这些"法律人文主义者"
不同，塞瑟尔是 14 世纪最负盛名的法学家巴托鲁斯（Bartolus de
Saxoferrato）的补充者。他的"半个导师"贾森·德·梅诺亦是最后
一位具有代表性的"巴托鲁斯派"（bartoliste）。

　　因此，我们不难看到塞瑟尔的法学著述多沿袭了传统的研究
进路。他的《封土之鉴》就是一部对《封土之律》的评注。今天我们
看到的这部作品虽然并不完整，但依旧是典型的评注法学作品。
以法律原文为基础，塞瑟尔提炼出具体的法理问题，随后旁征博
引，检讨正反两方的观点，并给出自己的解答（solutio）。在《封土
之鉴》中，他自称延续的是纪尧姆·迪郎（Guillaume Durand）的"镜
鉴"写作传统。他大量援引教会法、罗马法文献以及权威法学家
（远的有阿佐［Azo］、奥斯提亚主教［Hostiensis］，更晚近的有保
罗·德·卡斯特勒［Paulus de Castro］和费力努斯·山德乌斯［Feli-
nus Sandeus］等）的观点，表明他是一位游刃有余的双法博士。相
比纪尧姆·比代的研究，塞瑟尔的评注几乎没有引用古典文献，也
缺乏法律人文主义者共同的历史批判精神。[①]　"他的文风与接近

---

　　①　F. A. Goria, *Fra rinnovamento e tradizione. Lo Speculum feudorum di Claude
de Seyssel*, Milano: Giuffrè Editore, 2010, p. 192.

于人文主义理想的法学家的那种优雅拉丁语有天壤之别。"①《封土之律》的文本本身是中世纪的产物,所以塞瑟尔与法律人文主义者的关注点有所不同——这似乎是一个可以为塞瑟尔的写作风格辩护的借口。但是,他在君士坦丁赠礼的问题上的立场,显然同样体现了他在法学领域的保守立场。我们知道,人文主义的一大标志性贡献,是洛伦佐·瓦拉(Lorenzo Valla)对《君士坦丁赠礼》的证伪②。而塞瑟尔虽然知道已经有学者认为它是伪造之作,但依然认为君士坦丁对教会的赠与是有效的。③

　　虽说如此,塞瑟尔对于封建法的贡献也不容忽视。他与其他都灵法学教授一起,对《封土之律》作了体系化的重组,而且他的讨论聚焦于争议性的以及与当时现实密切相关的问题,其中就包括王侯让渡领地的问题。④ 另外,塞瑟尔也并非因为追求详尽而陷于烦琐的法学家。塞瑟尔在法学作品尤其是对封建法的讨论中,追求清晰明了的观点,摒弃以往复杂的学说争议。清晰第一的写作原则,在他做法学教授的时候就奠定了。这一原则还出现在他的翻译作品中,而到了《法兰西君主制度》,他更是明确说明,这是一部"用简洁的语言"创作的论著——他甚至没有给出任何法学、神学引用。

　　① F. A. Goria et P. Eichel-Lojkine, "Seyssel, Claude de," p. 1174.

　　② 洛伦佐·瓦拉:《〈君士坦丁赠礼〉伪作考》,陈文海译注,商务印书馆 2022年版。

　　③ 参见 Claude de Seyssel, *Speculum feudorum*, Basel: Thomas Guarin, 1566, p. 125。

　　④ F. A. Goria, "Il diritto feudale fra tradizione ed innovazione: Genesi e fortuna dello Speculum Feudorum di Claude de Seyssel," pp. 271-272, 288.

塞瑟尔的法学背景，以及他对于法国司法制度的亲身经历构成了《法兰西君主制度》中多处重要表述的渊源。这里我们不妨以其中两个最重要的方面为例。

第一个方面是君主的绝对权力及其约束。塞瑟尔究竟是一位绝对主义者还是一位宪制主义者？关于这个问题众说纷纭。① 但是，如果将其法学背景考虑在内，我们不难发现，其备受争议的段落，不过是用法语表达了中世纪神学家和法学家再熟悉不过的讨论。自始至终，塞瑟尔都在赞美阿奎那式的"受理性规制的意志"（voluntas ratione regulata）。这也就是为什么他的笔下反复出现受规制的（réglé）意志与无序而混乱的（desordonné）意志的反差。根据塞瑟尔的定义，暴政即违背理性地使用绝对权力（第二部分第十一章）。君主受到理性制约，这是他反复强调的；而这种理性又具体体现为"有关定制的法兰西法律、法令以及可赞的习惯"（第二部分第十七章）。塞瑟尔小心谨慎地在国王权威与法律约束之间寻求平衡："国王的尊严和权威总是保持完整，它并不是完全绝对的，也没有过度受到制约，但是受到良善的法律、法令和习惯所规制和制约。"（第一部分第八章）。不过最能反映其法学家身份的，莫过于下面这段对绝对权力的讨论：

① 例如，莱昂·加莱在一定程度上肯定了塞瑟尔的绝对主义倾向；雅克·普若尔则否认塞瑟尔是绝对主义者。参见 Léon Gallet, "La Monarchie française d'après Claude de Seyssel," *Revue historique de droit français et étranger (1922 -)*, vol. 22, 1944, p. 1-34; J. Poujol, "1515 cadre idéologique du développement de l'absolutisme en France à l'avènement de François Ier," in *Théorie et pratique politiques à la Renaissance, XIIe colloque international de Tours*, Paris: Vrin, 1977, pp. 259-272。

这权力并没有因此而减弱,而是变得更为高贵,因为它更为有序(reglée)。而如果它越是广泛和绝对,它就会变得越糟糕、越不完美。就如同上帝的力量,并不能因为它不能作恶而被认为有所减弱,而是会因此变得更为完美。国王,虽然拥有如此大的权威和权力,如果有意服从于自己的法律,并按照这些法律生活,相比他们任意使用绝对权力而言,是远为值得称颂和赞美的。(第一部分第十二章)

这段话暗含了至少两个层次的理论背景。一方面,虽然塞瑟尔没有给出明确的引用,但君主自愿服从于法律,按照法律生活的表述,让人十分轻易便想到《优士丁尼法典》中"Digna vox"一条(C.1.14.4)。诚然,君主不受法律拘束(legibus solutus,D.1.3.31),但是,"君主的权威取决于法的权威,君主服从于法律不仅合乎君主的威严(maiestas)而且也让他的统治权更为强大"①。而另一方面,塞瑟尔援引的是中世纪神学中经典的"绝对权力"或"绝对力量"的问题。如果上帝是全能的,为什么他不能死?为什么他不能作恶?对此,中世纪神学家早已有解答:死与作恶恰恰表现的是上帝的无能(impotentia)。② 从 13 世纪后半叶起,"绝对权力"就作为教皇"完满权力"(或"权力之完满",plenitudo

---

① C.1.14.4:Digna vox maiestate regnantis legibus alligatum se principem profiteri;adeo de auctoritate iuris nostra pendet auctoritas. Et re vera maius imperio est submittere legibus principatum.

② 中世纪晚期有关上帝全能的讨论,参见 Massimiliano Traversino Di Cristo, "The Mediaeval Distinction of God's Potentia Absoluta/Ordinata as an Archaeology of the Early Modern Investigation of Power," *Divus Thomas*,vol. 115,No. 2,pp. 35-82。

potestatis)的同义词而出现在教会法评注之中；14 世纪的法学名家
巴尔杜斯更是将其适用于世俗君主。[①]　塞瑟尔在这里将神学家的
解答放入了对世俗权力的讨论之中。在塞瑟尔看来，绝对权力只
有受到宗教、司法和定制这三道缰绳的约束，才可以说"是正当的、
可以忍受的、贵族式的"。从这个意义上讲，塞瑟尔既非绝对主义
者，也非宪制主义者。他一方面强调王权的约束，但另一方面又认
为国王权力至高无上，本质上无法被共享，且国王是出于自己善良
的意志而接受法律与定制的约束。这两种立场相互之间看似有自
相矛盾之处，但恰恰是沿袭了中世纪法学讨论的特点；[②]如此，他
在明确了权力行使必须合乎良善的目的同时，为思考具体实践问
题提供了辩证的思路和对话的空间，是符合塞瑟尔对于中庸之道
（médiocrité）和审慎（prudence）的一贯追求的。

　　第二个方面是塞瑟尔对高等法院的态度。除了对国王绝对权
力的看法外，塞瑟尔对于高等法院的态度也能反映其专业素养以
及他对法国司法实践的熟悉程度。在塞瑟尔看来，高等法院的角
色有二：秉公执法，即以司法权制约国王的"绝对权力"，以及与审
计院一道通过审核权维护王国的定制。沿袭罗马法的传统，塞瑟
尔强调，司法是国王权威真正的支撑和支柱。（第二部分第十五
章）高等法院是上帝赐予法国国王"使用司法最有威信、最为正直

①　Kenneth Pennington, *The Prince and the Law, 1200-1600: Sovereignty and Rights in the Western Legal Tradition*, Berkely: University of California Press, 1993, p. 64; Francis Oakley, "Jacobean Political Theology: The Absolute and Ordinary Powers of the King," *Journal of the History of Ideas*, vol. 29, no. 3, pp. 323-346.

②　Brian Tierney, "'The Prince is Not Bound by the Law,' Accursius and the Origins of the Modern State." *Comparative Studies in Society and History*, vol. 5, no. 4 (1963), p. 394.

的方式"(第二部分第十五章),这容易让人想到 15 世纪以来,罗列法国国王特权(regalia)的作者将拥有高等法院作为法国国王第一大特权的传统。[①] 至于高等法院维护王国定制的角色,塞瑟尔对于其如何防止国王随意让渡公领着墨颇多。讨论定制的两章(第一部分第十一章、第二部分第十七章)都以国王不得让渡公领的原则为例。诚然,我们可以说这是因为这条原则是"王国基本法"的一部分,本身就十分重要。但更重要的一点是,塞瑟尔是封建法的专家,他在《封土之鉴》中早已用大量篇幅讨论让渡问题。这一方面也许是因为萨伏依公爵领面对领土不断出让而难以保全的困境[②],另一方面更是因为这一问题在法国尤其是在高等法院备受重视。虽然《法兰西君主制度》中的讨论并没有《封土之鉴》那么详尽,但两者之间存在关联性。在《法兰西君主制度》中,塞瑟尔有这样的表述:

> 尤其是涉及君主的王室领地和遗产之事,君主非必要不可让渡。且这需要得到最高法院(cours souveraines)即各巴列门,以及审计院的审核和批准。这两院对此会作十分周详的

---

　　① 例如,贝尔纳·德·罗济耶(Bernard de Rosier)的《法兰西荣耀及其王国政制观止》(*Miranda de laudibus Francie et de ipsius regimine regni*)中就将拥有高等法院作为法国国王特有,而皇帝和其他君主都没有的特权排在第一位。参见 Patrick Arabeyre,"La France et son gouvernement au milieu du XVᵉ siècle d'après Bernard de Rosier," *Bibliothèque de l'école des chartes*,1992,tome 150,livraison 2,p. 272。这一传统延续到 16 世纪:Charles de Grassaille,*Regalium Franciae libri duo, iura omina et dignitates Christianiss. Galliae Regum continentes*,Paris:Apud Caleotum Pratensem,1545,p. 117。

　　② 1445 年萨伏依公爵路易曾颁布禁止其继位者随意出让公爵领地的法令。

处置,而且要经历很大的阻力和讨论,以至于很少有人会去购买此类让渡领地,因为他们知道,这样的交易不仅无效也没有保障,而且他们可能不得不归还他们因为让渡而取得的东西。(第一部分第十一章)

这对应了《封土之鉴》中的两则讨论:一方面,君主和教宗的继任者可以以受到欺骗为由,撤销前任的让渡;[1]另一方面,就法国而言,高等法院与审计院对让渡的审核十分严格,即便是别国君主可为的"合法让渡",在法国也会被这两个机构宣布无效。[2] 只不过,塞瑟尔也许是为了避免烦冗,没有将可以合法让渡的五种情形,以及通过"废止条款"(clausula derogatoria)进行让渡的有效性写入这部简短的论著之中,因为这些可能纯粹属于法学讨论的范畴了。[3]

　　虽然塞瑟尔在以上两个方面与他的法国同行以及高等法院人士持有相同的立场,但是,他的表述并没有完全效法高等法院所极力构造的政治意识形态。例如,他并没有将高等法院作为贵族制的代表,也并不认为高等法院在王国的维系和增益上有最重要的地位。这里,我们不妨比较高等法院典型的政治说辞与塞瑟尔的表述有何差异。

　　中世纪晚期的高等法院以王国的元老院自居,其自我意识在1489年高等法院给查理八世的谏诤书中有最为典型的表述:"此法庭为国王真正之王座(siège)和王位(trône)之所在,由百人构成,

---

① Claude de Seyssel, *Speculum feudorum*, pp. 147-148.
② Claude de Seyssel, *Speculum feudorum*, pp. 151-152.
③ Claude de Seyssel, *Speculum feudorum*, pp. 142-143.

国王是百人之首脑与领袖,法庭效法罗马元老院,元老院亦由百人组成,皇帝是其中之一,亦为首脑。此元老院存续之时,罗马人一向繁荣昌盛,掌控世界的统治权。"①而在《法兰西君主制度》中,我们看不到高等法院是元老院的类比②,而是能够清楚地看到,塞瑟尔将法兰西王国的繁荣昌盛归功于国王自愿接受缰绳的约束,归功于宗教,归功于定制:"因为通过这样做,法兰西的国王取得了'笃信王'的称号,以及许多大的荣耀和头衔。而他们只要在坚持这样做的时候,法国就一直繁荣昌盛"(第二部分第十二章);"正是凭借有关定制的法兰西法律、法令以及可赞的习惯,王国才得以达到我们今日所见如此的荣耀、伟大和强大,并维持和平、繁荣与声望"(第二部分第十七章)。两套话语的差异再明显不过。

而尤其能够反映塞瑟尔对高等法院的态度及其法学素养的,还有他对高等法院干预教会事务的批判。查理七世于 1438 年 7 月 7 日下令颁布的《布尔日国事诏书》是"高等法院高卢主义"的"圣经"。它规定了高卢教会神职人员以选举制产生,并肯定了高等法院审理圣俸(bénéfice)诉讼的权限。作为马赛主教的塞瑟尔对于高等法院侵越属灵管辖权的举动有着严厉的批判:"而如果所有其他臣民的生命、荣誉与才能(vaillant)都掌握在司法人员手中,事情就更危险了。……他们打着审理占有诉讼的幌子,任命和解任、安排和去除大大小小的高级神职,且通常再无上诉门路。"(第二部分第十六

①　Édouard Maugis, *Histoire de Parlement de Paris: De l'avènement des rois Valois à la mort d'Henri IV*, Paris: Alphonse Picard et Fils, 1913, t. 1, p. 374.

②　不过,他在阿庇安《罗马人的战争》的序言中提到过这个类比,见后文的讨论。

章)占有诉讼(action possessoire)与本权诉讼(action pétitoire)构成了一对互斥的程序法概念。而高等法院之所以可以"打着审理占有诉讼的幌子",是因为圣俸本身包含了属灵权利,还包括了对教区所附带的世俗经济利益的权利。虽然法国国王及其高等法院无法认定圣俸权利本身(因为这归属于教皇的属灵管辖权)因此也就无权审理本权诉讼,但可以通过对占有事实的认定,以审理占有诉讼的手段确保圣俸的和平占有。这种措施始于美男子腓力的时代,而在1398年法国拒绝服从教会(la soustraction d'obédience)后更趋常态化,因此也就造成了塞瑟尔所批评的"滥用"。

因此,塞瑟尔的这段批判是合乎历史实际的,而他的这番话与《布尔日国事诏书》的注释者、巴黎教会法学家科姆·基米耶(Cosme Guymier)对高等法院的批判有所神似。① 虽然塞瑟尔反对高等法院通过司法染指圣俸授任事宜,但他依然认为:"从政治角度来说,为了这个王国的公共利益,在法兰西维持通过选举、常规晋升以及提名任命而取得教会头衔和其他圣俸的做法是合适的,也是极有必要的。"(第一部分第十八章)在这一点上,他的立场和支持《国事诏书》的基米耶又是一致的。不过,两人面对的是不同的历史走向。在塞瑟尔写作《法兰西君主制度》的时代,弗朗索瓦一世似乎要重走路易十一的道路,《国事诏书》十分可能被废止。

① "法国国王是教会的保护者,是全体基督徒中最虔诚者,他应当守护教会的司法权和自由权。但今天,他的官员们对此多有侵扰,若上帝不出手挽救,教会的司法权和自由权均将消逝。"Sanctio Pragmatica cum glossis D. Cosmae Guismier, Paris: Apud Bartholomaeum Macaeum, 1613, p. 17, ad "Libertatis" in Prooemium, § Cum itaque.

另见董子云:《中世纪末期高卢主义的理论建构——科姆·基米耶〈布尔日国事诏书注释〉中的王权与教权》,《世界历史》2023年第4期。

这也就是为什么塞瑟尔委婉地写道:"不过,我并不是说,要是我们在法兰西使用了我们所说的《国事诏书》的法律,就不会有针对教宗权威(auctorité apostolique)的僭越和滥权,也无意下判断该法是好的、值得维持的,还是相反的情况,因为这不是我的职责所在。"(类似的表述在《封土之鉴》中早已有之:"不过,这样做的好坏我不作评论。"①)相反,他建议寻找"既对国王和王国而言有用且有荣耀,又能让罗马教宗满意"的方案,而他本人也在1513—1515年介入了法国与罗马教廷的谈判之中。

二、翻译史籍

如果说早年的法学训练和法学家的职业素养构成了《法兰西君主制度》的一大渊源的话,第二个对这部著作产生重要影响的方面,是塞瑟尔对古典著作尤其是古希腊史籍的翻译工作。虽然从法学的角度看,我们很难将塞瑟尔与人文主义者画等号,但他的翻译作品无疑拉近了他与人文主义之间的距离。不过,即使是在这个方面,塞瑟尔的政治实用主义也压过了人文主义者的语文学与历史学关怀。

塞瑟尔的翻译作品以古希腊作家的史籍为主,但他并不能阅读希腊语。他的翻译活动以一位重要的拜占庭人为媒介。此人即雅努斯·拉斯卡里斯(Janus Lascaris)。在查理八世的第一次意大利战争之后,意大利的希腊语学术研究传统流传到了法国,而这位

---

① Claude de Seyssel, *Speculum feudorum*, p. 152.

拉斯卡里斯为法国带去了大量古典作品,活跃于查理八世的宫廷。正是在 1500 年前后,塞瑟尔与拉斯卡里斯结识,并对古希腊史籍产生了浓厚的兴趣,遂有了翻译的想法。于是,塞瑟尔在从事繁忙的外交活动的同时,在拉斯卡里斯的帮助下倾注精力开展翻译活动。

在塞瑟尔最早的翻译作品——色诺芬的《长征记》(*Anabasis*,1504)中,塞瑟尔这样介绍自己翻译工作的缘起。路易十二派遣塞瑟尔与拉斯卡里斯前往布鲁瓦城堡的王室图书馆查阅色诺芬的著作,并对其波斯之行尤感兴趣。在塞瑟尔的描述中,拉斯卡里斯是一位"精通希腊语与拉丁语的人士,是国王派驻威尼斯的大使,他出生于君士坦丁堡,来自一个十分高贵而古老的世系"。在图书馆搜寻书籍的过程中,塞瑟尔找到了这本书,并觉得它"值得国王陛下听闻与了解"。"于是,我请求那位拉斯卡里斯,用拉丁语将这部历史讲述与陈说出来,这样我就可以将其从拉丁语翻译成法语。他也十分乐意地做了,就如真心实意希望做让您愉悦之事的人那样。"①在阿庇安《罗马人的战争》(*Des guerres des romains*)的序言中,塞瑟尔也介绍了自己翻译的经历和遇到的困难。他首先寻找了既有的拉丁语译本,这些译本大多是《罗马人的战争》中的片段。但那些译者并不精通希腊语,不能完全理解原文,"在很多地方语言晦涩而粗鲁,令人难以理解"②。好在国王从佛罗伦萨取得了 11 卷希腊语原本,所以塞瑟尔可以在拉斯卡里斯的协助下重新翻译。③

---

①　Xénophon, *Histoire du voyage que fit Cyrus à l'encontre du roi de Perse*, 1504, fol. 2a.

②　Appian, *Des Guerres des Romains livres xi traduicts en François par feu Maistre Claude de Seyssel*, Paris: Benoist Prevost, 1559, fol. 5b.

③　Appian, *Des Guerres des Romains*, fol. 6a.

可以说，塞瑟尔翻译的所有古希腊史籍，都是依靠拉斯卡里斯或者从当时有的拉丁语译本翻译而来。可惜的是，拉斯卡里斯为塞瑟尔所作的拉丁语翻译没有保留下任何手稿。而塞瑟尔翻译阿庇安的《罗马人的战争》以及修昔底德的《伯罗奔尼撒战争史》的拉丁语译本，分别出自德辛布里（Piero Candido Decembrio）和瓦拉之手。两人都是意大利负有盛名的人文主义者。除了上面几部译作之外，塞瑟尔还翻译了尤斯蒂努斯（Justinus）的《庞培·特罗古斯〈腓利史〉简编》（*Epitomé des Histoires phili-piques de Trogue Pompée*）、西西里的狄奥多罗斯的作品，以及若干普鲁塔克的节选；随后还有 1514 年翻译的凯撒利亚主教尤西比乌斯（Eusebius）的《教会史》。[①] 最后，意大利研究者迪奥尼佐蒂（Dionisotti）在 1995 年的论文的附录中也给出了他在大英图书馆找到的另一部塞瑟尔的译作，是阿庇安所描述的汉尼拔战争。塞瑟尔于 1515 年将其献给了弗朗索瓦一世。[②]

　　塞瑟尔进行翻译的目的，并非追求古典学术。而他本人似乎也并不熟悉同时期人文主义者们的文风和修辞方式，他所熟悉的拉丁语是人文主义者所鄙夷的法学家拉丁语。以修昔底德《伯罗奔尼撒战争史》的法语译本为例，他借助的是瓦拉的拉丁语译本。

[①] 详见 F. A. Goria et P. Eichel-Lojkine, "Seyssel, Claude de," p. 1179 – 1180; Philippe Torrens, "Claude de Seyssel traducteur des historiens antiques," in Patricia Eichel-Lojkine, ed., *Claude de Seyssel: Écrire l'histoire, penser le politique en France, à l'aube des temps modernes*, Rennes: Presses universitaires de Rennes, 2010, p. 183, n. 1.

[②] A. C. Dionisotti, "Claude de Seyssel," in M. H. Crawford and C. R. Ligota, eds., *Ancient History and the Antiquarian: Essays in Memory of Arnaldo Momigliano*, London: Warburg Institute, 1995, pp. 95-103.

但他很多时候无法理解瓦拉的翻译，以至于需要向拉斯卡里斯寻求帮助。他也无法准确传达瓦拉对于希腊语原文在语法与修辞上的深入把握。就如瑞贝卡·伯恩（Rebecca Boone）所说："对于瓦拉来说，翻译修昔底德很大程度上是一项文学活动，而对于塞瑟尔而言，它是政治活动。"①

　　可见，塞瑟尔的翻译带有十分强烈的政治实用主义。这体现在翻译选题和翻译风格两个方面。他翻译的首要目的是教育君主王侯，通过历史为他们提供榜样与警示。正因为是为国王或诸侯提供私下的教育所作，塞瑟尔的译本最开始只是进献给统治者的，他本人亦无意出版。如《长征记》进献给了法国国王路易十二、英国国王亨利七世和萨伏依公爵查理二世。其余作品也几乎都是进献给法国国王的。但弗朗索瓦一世在登基后命雅克·科兰（Jacques Colin）安排出版了塞瑟尔的译作，所以它们大多是在塞瑟尔去世后出版的。

　　塞瑟尔从事翻译的目的决定了他筛选翻译作品的尺度，即这部作品必须出自权威作者之手且能够为当下提供镜鉴。他在色诺芬《长征记》献给路易十二的序言中这样说明历史的镜鉴功能："但是，在我们依靠书写取得的全部便利中，我发现历史尤为有益。因为通过历史，我们了解过去之事，而不仅仅是为了我们的消遣。"历史中给出了各种各样的范例（exemple）。相比于论著，阅读历史能让人更为明智和勇敢。"因为人天性更容易效仿范例而非学说。

---

① Rebecca Boone, "Claude de Seyssel's Translations of Ancient Historians," *Journal of the History of Ideas*, vol. 61, no. 4, 2000, p. 570.

且历史以与我们更为贴近的方式呈现事物,我们从这些事上吸取教益。而论著做不到这一点,因为对一件事的描绘与再现相比平铺直叙更能有力撼动我们的心灵和我们的情感。"①而且塞瑟尔还认为,只有"真实而智慧之人"所写的历史是值得赞美的,而诸如圆桌骑士之类打着历史的幌子而实为神话的作品"并不能真实告知过去之事,对未来之事也不能提供教益"②。上面这些话表明了塞瑟尔翻译选题的基本原则,也体现了他朴素的历史批判精神。

除了作者的权威性和真实性之外,塞瑟尔的翻译也考虑到作品与当时法国时局的关联性。一方面,塞瑟尔所选择的古典作品无不富有与战争相关的描述,其中所反映的战争策略对于觊觎意大利的法国而言是十分实用的。而另一方面,在阿庇安《罗马人的战争》的序言中,塞瑟尔解释说自己之所以选择阿庇安的这部作品,是因为他"更为翔实更为具体地告诉我们罗马人或好或坏的事迹,尤其是他们的纷争,动乱以及内战"。因此,他的历史著作所反映的教训,不仅有助于国王懂得"妥善而公正地统治和操持王国以及其他重要地区、领地、省份和封地的事务"③,也能够为如何统治新近征服的意大利地区提供借鉴。正如布恩评价的那样:"只有在战争与统治的语境下才能理解塞瑟尔密集的学术贡献。"④

除了翻译选题的实用主义考量外,塞瑟尔秉持的翻译风格是

---

①　Xénophon, *Histoire du voyage que fit Cyrus à l'encontre du roi de Perse*, fol. 1b.

②　Xénophon, *Histoire du voyage que fit Cyrus à l'encontre du roi de Perse*, fol. 1b.

③　Appian, *Des Guerres des Romains*, fol. 6a.

④　Rebecca Ard Boone, *War, Domination, and the Monarchy of France: Claude de Seyssel and the Language of Politics in the Renaissance*, Leiden: Brill, 2007, p. 175.

清晰第一，这与他的法学著述的风格接近。塞瑟尔虽然在多部作品中都谦虚地称自己为外国人，所以没有很好的文风（stille），但这更多是谦虚之辞。因为从整体上讲，塞瑟尔的译文虽然可能与他个人的写作一样较为冗长，但的确没有多少艰涩难懂之处。而为了可读性，他也不惜牺牲译文的严谨性以及原文的结构。在阿庇安《罗马人的战争》的前言中塞瑟尔对于自己的标准是这样描述的："为了让这部历史更为容易、更为易懂，我划分了卷，又根据不同的内容划分了各个章节。所以，在我现在看来，它已经相当便于朗诵，读起来也相当明快愉悦。"[1]为了让法语译本行文清晰易懂，塞瑟尔会补充解释，而非忠于原文；[2]而且，塞瑟尔似乎对于翻译的质量并不苛刻，甚至在多处地方完全颠倒了拉丁语底本的意思。[3]

　　值得注意的是，塞瑟尔在《法兰西君主制度》中，几乎很少直接援引自己的译作。他直接引用的古代作家，包括亚里士多德、西塞罗、维盖提乌斯、马克西姆斯、小普林尼、凯撒等等，多是中世纪晚期法国知识界早已熟知的作者。塞瑟尔两次援引了色诺芬的《居鲁士的教育》（*Cyropédie*），但没有直接援引自己翻译的《长征记》。甚至他在 1514 年翻译完成的修昔底德，在他的这部论著中也难觅踪迹。他这样做的缘由难以稽考。不过，是不是可以推测，他有意选择了当时法国知识领域所熟悉的"权威"，而避开了最新的（因此

---

[1]　Appian, *Des Guerres des Romains*, fol. 6b.
[2]　Philippe Torrens, "Claude de Seyssel traducteur des historiens antiques," p. 188.
[3]　详细的比对参见 Philippe Torrens, "Claude de Seyssel traducteur des historiens antiques," pp. 183-200。

也不是那么闻名的）、往往又与意大利人文主义学术有关的作者？同样令过往学者感到诡异的是，他在阐述其混合政体理念时，对古希腊史学家波利比乌斯（Polybius）只字未提，而波利比乌斯的法语译本正好是在 16 世纪初问世的。对于塞瑟尔没有援引波利比乌斯的这一点，托朗（Torrens）认为，可能是塞瑟尔的混合政体理念来源于阿庇安或者普鲁塔克所致。①

　　事实上，塞瑟尔没有明显援引新近翻译的古典作家的事实，并不能说明塞瑟尔在《法兰西君主制度》所提出的建议与他的翻译活动无关。阿庇安的《罗马人的战争》中所反映的政治教训在《法兰西君主制度》中有明显体现。例如，《法兰西君主制度》第三部分第八章所强调的将领的口才，是《罗马人的战争》第二卷的主题，在《伯罗奔尼撒战争史》前言中对此也有所提及。而他关于被征服地区人民的习惯与语言的思考（第五部分第九章）也可以在他的翻译中看到。比如他在尤斯蒂努斯《简编》法译本的序言中就讲到，一度将法国人视为野蛮人的意大利人如今也在学习法语和法国的生活方式。而翻译本身在塞瑟尔看来，可以起到改良法语的作用，是在"为国王的意大利征服作贡献"②。应该说，在《法兰西君主制度》之前的那些译作和赞美国王的历史作品中，塞瑟尔就已经在思考诸多《法兰西君主制度》中涉及的话题。只不过，在这些历史译作和作品中，塞瑟尔试图从"真实的历史"中寻找榜样（exemplum），进而为王侯提供实用的方略，而在《法兰西君主制度》中，塞

---

　　①　Philippe Torrens，"Claude de Seyssel traducteur des historiens antiques，" p. 196.

　　②　Rebecca Boone，"Claude de Seyssel's Translations of Ancient Historians，" p. 563.

瑟尔会将这些来自历史的教益系统性地组成一部介绍一般性原理的"论著"。

三、书写法兰西君主制

《法兰西君主制度》在 16 世纪是以《伟大的法兰西君主制度》(*La grand' monarchie de France*)为题而流传的。但是,"伟大的"(la grande)系书商所加,而不是塞瑟尔本意。根据目前仅存的手稿(法国国家图书馆法语第 5212 号抄本),原本的标题即《法兰西君主制度》。[1] 在塞瑟尔的构思中,这部作品本质上是一部"论著"(拉丁语 tractatus,法语 traicté)。但是,一般的论著"令人深感阅读之艰,理解之难","将这些东西付诸实践更为不易";而塞瑟尔的这部论著对有用的观点作了"大略的汇总,并用简洁的语言说明可能对领导法兰西王国有益的东西"(前言)。这部论著分五个部分,第一部分阐述法兰西世袭君主制的优越性及其原因,另外四个部分探讨如何"维持和增益法兰西王国"。其中,第二部分讨论的是达成这个目标所需的制度安排,后面三个部分分别以军事、外交与征服活动为主题。可以说,塞瑟尔的这部论著,用短短百余页的篇幅,触及了王国治理各个方面的要点。

从论著的总体结构来看,第一部分实际上构成了一个总论,它的核心论点,即法兰西君主制的优越性,也是后面四个部分的前

---

[1]　Jacques Poujol, "Avant-propos," *La Monarchie de France et deux autres fragments politiques*, Paris: Librairie d'Argences, 1961, p. 7.

提。从这个意义上讲，塞瑟尔在《法兰西君主制度》中恰好是在建构一个"法兰西神话"。正所谓不破不立，为了建立这个神话，塞瑟尔首先指出了罗马人和威尼斯人的帝国的内在缺陷，试图瓦解当时颇为流行的"罗马神话"和"威尼斯神话"。在他看来，罗马是以民主制为主导的混合政体。而塞瑟尔对民主制嗤之以鼻：民主制总是"喧嚣而危险的"（第一部分第一章）。罗马式的混合政体虽然"是历史上有过的最好的，也许较之后而言也是最好的"，但问题就出在"如果我们给人民一点权威，久而久之他们就会想要大部分权威，随后就出现失序……"（第一部分第二章）。这是罗马的民主制走向内乱和覆灭的原因所在。威尼斯所代表的贵族政体"是我们读过或者见过的最完备、治理最好的帝国和共同体之制"；但它的主要弊害在于官职为少数贵族寡头所把持，又有派系之争，军事亦完全委派给了雇佣兵，长此以往必然会滋生"无可救药的顽疾"（第一部分第三章）。随后，他指出了君主制的法兰西为何"比任何国家都管理得更好"，为何是西欧众多君主制国家中最佳者。原因有二：其一是萨利克法使王国不会落入外国人之手；其二是国王的"绝对权力"（puissance absolue）受到宗教、司法和定制（police）这三道缰绳的约束。君主制不仅合乎"神圣的、人的、自然的和政治的理性"，且比任何贵族制和民主制政体都要长久、稳固。（第一部分第四章）

这种推崇君主制的立场，似乎是塞瑟尔在撰写这部作品时发展出来的。相比于他在阿庇安《罗马人的战争》法语译本序言中的构想，《法兰西君主制度》中对法兰西政制的描述削弱了其混合政体的特征，而强化了其君主制的成分。在那篇序言中，塞瑟尔这样论述法国政体的特色与优点：君主制是"最可忍受、最为适宜的"。但要避免沦为暴政或专断统治，就需要保证每个等级各得其所，国君受到良善的法律与习惯约束。法国的政体之所以从未沦为暴政，正是因为它"具备政治统治的全部三种途径"①。首先，国王作为君主备受爱戴、服从和尊重。但同时他又受到法律和官员的约束。高等法院则是"名副其实的罗马元老院"，历代国王赋予了各省高等法院以莫大的司法权威，即便是大贵族也不敢不服。它不仅是所有刑事和民事诉讼的终审法庭，而且还能审核国王法令、函令，并"判断它们是否合乎惯制"②。高等法院是贵族等级的重要部分，其中，由于巴黎高等法院历史悠久，地位尤为显赫，所以它的成员的地位就好比教会中的枢机。③ 国王服从于法律的约束使得三个等级保持和谐一致，也是"这个王国维持和扩张的原因所在"④。对比两个文本讨论相同内容的段落，这篇序言中有一部分在《法兰西君主制度》中得到保留，如"判断它们是否合乎惯制""国王服从于法律约束"等。但也有显著不同：在《法兰西君主制度》中，塞瑟尔对于"高等法院是元老院"的说法闭口不提，也不再将其与教会中的枢机团画等号。

　　之所以有这样的转变，一方面也许是因为要将这部作品献给国王，所以多少有唱赞歌的意味；另一方面，塞瑟尔本人其实也参与了路易十二时期打压"威尼斯神话"的政治宣传活动，而威尼斯

---

① Appian, *Des Guerres des Romains*, fol. 3a.
② Appian, *Des Guerres des Romains*, fol. 3a.
③ Appian, *Des Guerres des Romains*, fol. 4b.
④ Appian, *Des Guerres des Romains*, fol. 5a.

恰恰是以贵族制（元老院）为主导的混合政体的代表。[①] 1509 年的阿尼亚德洛（Agnadello）之战中，以法国为首的"康布雷联盟"打败了威尼斯。一时间颇多作者撰书赞颂法国君主制而贬低威尼斯政体，如让·勒梅尔·德·贝尔日（Jean Lemaire de Belges）的《威尼斯的传说》以及皮埃尔·格兰戈尔（Pierre Gringore）的《威尼斯事业》。[②] 很快，塞瑟尔也撰写了一部《国王对威尼斯人的胜利》（*La victoire du roy contre les Véniciens*，1510）。我们不妨将这部作品看作《路易十二颂》（*Les Louenges du roy Louys XII*，1508）的续篇。塞瑟尔歌颂路易十二的这场胜利，为的是赞美法国的"权势、富庶、军力与治理"，让人们更为敬畏法国国王，让意大利更为服从法国国王的统治。[③]

也许正是在这种语境下，身处 1515 年的塞瑟尔才不得不调整自己的立场与政治构想。高等法院所代表的贵族制成分应当被削弱。而枢机团的类比也显得不甚融洽，因为在公会议至上主义的时代，枢机团恰恰是教会混合政体中元老院的对应物。[④] 而塞瑟

---

① 有关中世纪晚期与近代早期的"威尼斯神话"，参见 Jean-Louis Fournel, "Le modèle politique vénitien: notes sur la constitution d'un mythe," *Revue de synthèse*, no. 118，1997，pp. 207-219。

② Jouanna Arlette, *Le Pouvoir absolu, Naissance de l'imaginaire politique de la royauté*, Paris: Gallimard, 2013, p. 110; Jean Lemaire de Belges, *La Légende des Vénitiens*, Paris: Geoffroy de Marnef, 1509; Pierre Gringore, *L'Entreprise de Venise*, Lyons: P. Marechal & B. Chaussard, 1509.

③ Claude de Seyssel, *La victoire du roy contre les veniciens*, 1510, fol. viii.

④ 例见皮埃尔·德·阿伊在《论教会、大公会议、罗马教宗及枢机权威》中对理想教会政体的讨论：Pierre d'Ailly, Tractatus de ecclesiae, concilii generalis, romani pontificis, et cardinalium autoritate in Louis Ellies du Pin, ed., *Joannis Gersonii Opera omnia*, t. 2, Antwerp: Sumptibus societatis, 1706, col. 945。

尔在谈及司法的制约使得法国君主制"有一定的贵族制成分"的时候,亦不忘说明,这种制约最重要的作用是让君主权威"更完满、更绝对,也更为牢固持久";而君主之所以接受三道缰绳的约束,是因为他们的"善良和宽容"(第一部分第十二章)。

　　与君主制几乎具有同样地位的,是 police 这个概念。根据具体语境,这个词在中文里可以有多种译法。它首先指统治或者治理本身。这层含义源于希腊语πολιτεία和拉丁语 politia(或 polititia),经由尼古拉·奥雷姆翻译的亚里士多德《政治学》和《伦理学》而在法语中流行起来。[①] 它最早的形式是 policie,意指"治理"或者"统治"。[②] 女性作家克里斯汀·德·皮桑的一部政论作品——《政治体之书》(*Livre du corps de policie*,1406—1407)即使用了这一含义。在塞瑟尔笔下,国家同样是具有生物学特征的"神秘体"(corps mistiques):"它们形似人的肉身,而人的肉身是从四种相对立的元素和体液所创造和构成的。"(第一部分第三章)他因此强调三个等级的"和谐与契合"(第一部分第十九章),赋予国家治理以社会学的维度,即如何妥善维持好各个等级,并确保等级跃升畅通。进而,从统治或者治理的这层含义,police 一词又衍生出由治理而带来的"政治秩序"的意味。政治秩序的含义则广泛得多:"维

---

　　① 在奥雷姆翻译的《政治学》中,"policie"一词出现了约 1800 次。参见 Albert Douglas Menut,"Aristotle and Nicole Oresme (1970). Maistre Nicole Oresme; *Le Livre de Politiques d'Aristote*. Published from the Text of the Avranches Manuscript 223," *Transactions of the American Philosophical Society* (New Series),vol. 60,no. 6,pp. 1-392.

　　② Frédéric Godefroy, ed. ,*Dictionnaire de l'ancienne langue française, et de tous ses dialectes du IXe au XVe siècle*, t. 6, Paris; Emile Bouillon, 1889, pp. 262-263.

持好的司法,让军人遵守秩序与军纪,并妥善处理有关当地政治秩
序的事宜;同样还有生活品的充裕、商品的流通,平息所有争执和
其他类似之事。"(第五部分第九章)在塞瑟尔看来,良好的政治秩
序不仅能让国家长治久安,更是维持征服统治的必要手段。

　　而最值得注意的是,塞瑟尔又将 police 这个术语抽象为王国
公法规则之整体,这些规则是不宜变更的,因此不妨译为"定制"。
根据塞瑟尔自己的定义,定制即"国王本人颁布的,且之后不时得
到核准和批准的若干法令"(第一部分第十一章)。这些涉及王国
之定制的"法律、法令与习惯"在 16 世纪逐渐有了一个统称,即"王
国基本法"(les lois fondamentales du royaume)。塞瑟尔所着重强
调的定制,包括王国不可让渡的原则以及萨利克法排除女性继承
的原则;但对"生死相继"(le mort saisit le vif)的原则没有讨论。[①]
与定制有密切联系的,是 civilité 的概念。这是一个语义模糊的术
语。丘奇在《十六世纪法国宪制思想》中认为这一词当取"合乎习
惯"之意。[②] 从塞瑟尔对于定制以及高等法院维护定制的职能的
表述来看,丘奇的译法是贴切的。而鉴于 civilitas 本质上即拉丁语
中与 politia 对应的术语,且 16 世纪的法学家也在用 civilité 一词指

---

　　① Yves-Marie Bercé, "Les lois fondamentales du royaume," in *L'Ancien Régime*, Paris: PUF, pp. 16-26; Jacques Krynen, "Le mort saisit le vif. Genèse médiévale du principe d'instantanéité de la succession royale française," *Journal des savants*, 1984, no. 3-4. pp. 187-221.

　　② William Farr Church, *Constitutional Thought in Sixteenth-century France*, Cambridge, Mass.: Harvard University Press, 1941, p. 26, n. 12.

"法律为了维系社会所确立的秩序"①，塞瑟尔笔下的 civilité 和
incivilité 也许表达的就是"合乎定制与否"。但为了区别起见，在译
文中我们将 civilité 译为"惯制"。

塞瑟尔的这部论著除了强化君主制立场，又对定制关注有加
之外，还有另一个特点，即他所陈述的要点多着眼实践也来源于实
践。正如戈利亚（F. A. Goria）和艾谢尔-罗伊基纳（P. Eichel-Lo-
jkine）所评价的："在他看来，法学、历史与政治总是应该服务于日
常问题之生动现实。"②塞瑟尔反复强调自己的论点来自"鲜活的
记忆"或是"实践的经验"。他所写的内容也的确与他个人的政治、
外交和教会职务有关。《法兰西君主制度》中有多处内容都源自他
本人在那个时刻的政治关切。这些政治关切来源于他的两个身
份：一个是作为路易十二的顾问和萨伏依贵族的身份；另一个是作
为马赛主教的身份。前一个身份使他建议法国国王任用外国人，
也尤其关注于法国对米兰的统治。塞瑟尔多年来担任法国国王的
顾问，得到了重用和丰厚的回报，正因为如此，他这样赞美法国：
"相比其他任何君主，在他的王国，他有大量的职位、头衔和官职可
以授予各类人士而无论其出身贵贱。以至于无论地位多高的外国
人，一旦尝过法兰西这片草场的甜头，只要我们不给他造成十分重
大的动机，就再也不愿意离开。"那些为国王效劳的外国人放弃了

① Marie-France Renoux-Zagamé, "Entre l'École et le Palais: pouvoir et droit chez
Claude de Seyssel," in Patricia Eichel-Lojkine, ed., *Claude de Seyssel: Écrire l'histoire,
penser le politique en France, à l'aube des temps modernes*, Rennes: Presses universita-
ires de Rennes, 2010, pp. 165-178.

② F. A. Goria et P. Eichel-Lojkine, "Seyssel, Claude de," p. 1176.

自己在其他国家的遗产，"对这位君主和这个民族有十分的爱戴，以至于与本王国的人一样善良、可靠和忠诚"。因此，国王"总是赋予他们以更为危险、更为重要的任务，如治理和防卫各省、城市和边境地带"（第四部分第三章）。这些任务也就引出了关于统治新征服地区的第五部分讨论。需要注意的是，当时的萨伏依公爵领从今日法国东南角往南一直延伸到今天意大利北部，奥斯塔和都灵都在萨伏依公爵辖下。萨伏依公爵领的东边紧邻着的即是米兰公爵领。而米兰公爵领再往东就是威尼斯共和国。[①] 1499 年，路易十二征服米兰，为接下来夺回那不勒斯王国找到了在意大利的落脚点。而 1509 年阿尼亚德洛战役之后，教皇召集了反法联盟，限制法国在意大利的势力。面对强大的攻势，米兰的统治岌岌可危。如何有效统治这块新征服的土地引发了赴米兰担任元老的塞瑟尔的思考。在他写作《法兰西君主制度》的时候，弗朗索瓦一世还没有取得马里尼亚诺（Marignano）大捷（1515 年 9 月），也尚未与西班牙国王查理一世签订划分势力范围的《努瓦永和约》（1516 年 8 月 13 日）。整个第五部分都是塞瑟尔从实际经验出发给出的一般性建议。尤其值得注意的是这段论述："在不持续驻军威慑当地人就无法确保这个地区的情况下，如果君主还要去征服并守卫它，则是没有得到好的建言。相反，如果在那里有正当的主张，更好的做法是与该地的占有者订立某种诚实的约定，或是在那里扶植一位特别的领主（我们则取得他的帮助和效劳），而不是去守卫它，就

---

① 15 世纪末意大利的情况，参见 Rebecca Ard Boone, *War, Domination, and the Monarchy of France*, p. xiiii, Fig. 1。

如亚历山大和罗马人在很多地方所做的那样。"(V.6)正是以法国
长期占领米兰弊大于利为理据,在 1516 年,塞瑟尔建议弗朗索瓦
一世将米兰交给萨伏依公爵统治。[①] 无论他的这一建议是否有出
于萨伏依利益的考量,但多少可谓预见到了法国在意大利的征服
难以维持。而在写作《法兰西君主制度》的 1515 年,塞瑟尔作为一
名主教还十分注重教会的治理。他指出法兰西教会的积弊。"我认
为教会的最大问题在于,高级神职并不定居于他们的主教辖区。相
反,(通常是野心使然)他们不遗余力追附教会或世俗宫廷。"(第二
部分第十四章)这样的行为导致高级神职忘却了他们的本职,而前
去罗马教廷的高级神职则将王国境内的财富带去了罗马,进而减损
了法兰西王国的财富。对于这个问题,塞瑟尔称自己是这些高级
神职之中"最为不堪的一员"。而他表示,"根据我的能力,我所能
作的补救,就是尽可能留守自己的主教辖区"。这一点,他在从政
坛退隐之后的确做到了。

　　实践经历和实践需要(而不是任何抽象的理想与原则)可以说
构成了塞瑟尔写作的基本素材。这就难免让人将塞瑟尔与比他稍
早的另一位法国作者联系起来,即路易十一的外交官菲利普·
德·科米纳(Philippe de Commynes)。科米纳早塞瑟尔 5 年出生,
于 1511 年遽然离世,留下了一部《回忆录》(Les Mémoires,初版于
1524 年)。专门研究科米纳的法国学者布朗夏尔(Joël Blanchard)
总结了两人在观点上的相似之处。科米纳的《回忆录》与塞瑟尔的

---

① "Il discorso sopra l'acquisto di Milano di Monsignor Claudio di Seyssel," in Do-
menico Carutti, ed., *Memorie della reale accademia delle scienze di Torino*, serie II,
XX, 1863, pp. 45–68.

《法兰西君主制度》都是应急之作,都追求简短,都是经验之谈。两人都参加过查理八世的意大利远征,而科米纳在 15 世纪七八十年代在萨伏依多有活动。虽然在没有找到确凿证据前,他们是否真的有过交流暂时无法下定论,但两人在很多方面有共通之处。比如他们都是为王侯写作,以历史为提取教训的素材,都注重自己的亲身经历,也都是就实践问题为统治者提供建议①;具体而言,他们都主张要不拘一格用人才,赞同促进商业贸易,又都对平民(menu peuple)不屑一顾。但我们也许难以将塞瑟尔归类为所谓的"回忆录作者"(mémorialiste)。重要的差别是,塞瑟尔是法学博士,而科米纳并没有接受过大学教育。《法兰西君主制度》本质上是一部"论著"而非科米纳式的回忆录。所以,塞瑟尔反复强调,自己坚持用一般性的话语(termes generaulx)而不指名道姓,思考有关政体与治理的一般性原理,即便这些原理是以他以往多年经验为背景的。

　　《法兰西君主制度》中反复提及的"维持与增益王国"又将塞瑟尔的这部著作纳入君主之鉴(miroir des princes)和国家治理术写作的传统之下。对于君主之鉴的传统,塞瑟尔显然十分熟悉。除了提到亚里士多德、色诺芬等古典作者外,他尤为明确地提到了几位中世纪作者:托马斯·阿奎那和罗马的吉勒(Gilles de Rome),以及更为晚近的让·梅西诺(Jehan Meschinot)。考虑到他的这部作品是"在手头没有多少书籍的时候匆忙写成的",我们至少可以认为,

---

　　① Joël Blanchard, "L'histoire commynienne. Pragmatique et mémoire dans l'ordre politique," *Annales. Économies, Sociétés, Civilisations*, 46ᵉ année, no. 5, 1991, pp. 1076-1078.

这几位作者给塞瑟尔留下了较为深刻的印象。塞瑟尔对于三种政体的看法，还有他所强调的权力受理性规制，也许更多是受到阿奎那《论王国》(*De regno*)的影响。塞瑟尔反复提及的国王自愿接受"缰绳"(法语 frein，拉丁语 frenum)约束，正是罗马的吉勒在解释"立法者应当遵守法律"(legis positivus debet esse legis observativus)的原理时所用到的表述。[①] 他所强调的军事纪律(discipline militaire)亦可以上溯至萨尔兹伯利的约翰和罗马的吉勒对维盖提乌斯的改写。[②]

　　从写作的综合性，以及"维持与增益王国"的目的考量看，塞瑟尔的这部《法兰西君主制度》又与 30 多年前路易十一晚年的《战争的玫瑰树》(*Le Rosier de guerre*)有接近之处。这是一部路易十一口授和主持，皮埃尔·德·舒瓦内(Pierre de Choinet)编写完成的关于国家治理术的"教科书"。在《战争的玫瑰树》的第一章，路易十一便讲道："就那些通过经验而知道和认识的事物而言，我们亲身体验往往比仅仅通过道听途说更为真切。"而他为太子也就是未来的查理八世讲授这样一部作品，目的是"为了在朕之后到来并统治之人能够获益，统治并成功扩张我们的王国"[③]。如克里南(Krynen)所说，《战争的玫瑰树》是一部集伦理、政治、军事、历史于一体的作品。[④]《法兰西君主制度》不也是如此？两部作品有着相同的素材出处，如涉及军事的部分都大量借用了维盖提乌斯的观

---

①　Giles of Rome, *Giles of Rome's On Ecclesiastical Power: A Medieval Theory of World Government*, New York: Columbia University Press, 2004, p. 360.

②　《论政府原理》(*Policraticus*)VI：1-19;《论君主统治》第 3 卷。

③　Jacques Krynen, *L'Empire du roi*, Paris: Gallimard, 1993, p. 231.

④　Jacques Krynen, *L'Empire du roi*, p. 233.

点。唯一的区别是,塞瑟尔仅仅提及了既往的编年史(见《作者前言》),且在原文中更多用的是古典而非法兰西王国的历史案例。路易十一则更多用鲜活的经验和历史的教训,教育太子"捍卫"和"扩张"(dilatation)王国之道(塞瑟尔的用词则是"维系"和"增益"),甚至还命皮埃尔·德·舒瓦内编制了一份简编编年史。两者的背后不都隐含着只增不减、不可分割的王冠(la couronne)观念?①

　　还有一个令人感兴趣的问题是,塞瑟尔与马基雅维利在思想上有何异同?对于塞瑟尔与马基雅维利的往来,学界认为两人可能在 1513 年之前见过面,可能在 1504 年马基雅维利赴法国执行外交任务的时候有过交往。② 黑克斯特(J. H. Hexter)给出了 16世纪初三位重要政治思想家(马基雅维利、托马斯·摩尔、塞瑟尔)的个性化肖像。对于这三人的三部代表作,黑克斯特是这样评价的:"《法兰西君主制度》相比《君主论》和《乌托邦》,既没有力量也没有魔力。"③相比另外两部时间上接近的作品的"离经叛道",《法兰西君主制度》显得"正统"得多。"但是,这三人又在追踪他们那个时代的政治与社会事实,以及展现那些事实与理论上和实际中对统治的要求之间的联系上,比之前 15 个世纪里任何政治学作者

---

　　① 有关中世纪晚期的"王冠"观念,参见 Jacques Krynen, *L'Empire du roi*, pp. 153-160。

　　② Jean-Louis Fournel, "L'écriture du gouvernement et de la force en France et en Italie au début du XVIᵉ siècle," in Patricia Eichel-Lojkine, ed. , *Claude de Seyssel: Écrire l'histoire, penser le politique en France, à l'aube des temps modernes*, Rennes: Presses universitaires de Rennes, 2010, p. 104.

　　③ J. H. Hexter, *The Vision of Politics on the Eve of the Reformation: More, Machiavelli, and Seyssel*, New York: Basic Books, 1973, p. 215.

都更为精准,更具洞察力。"①这里,我们不妨简单列举马基雅维利
与塞瑟尔的几个共通之处。比如,两人都认为,国家的存续不仅受
制于命运和自然规律,也取决于人为。马基雅维利在《君主论》第
25 章写道:"我认为,正确的是:命运是我们半个行动的主宰,但是
它留下其余一半或者几乎一半归我们支配。"人为了成功,所要做
的是让行动与命运相协调。而塞瑟尔的观念中,即便"人类血脉以
及俗世事物是脆弱而不完美的",是必然要经历从出生到死亡的周
期的,但通过"证明和阐明这个王国可能存在的错误和缺陷,并给出
纠正的药方",人可以"让它尽可能完美而永恒"(第二部分第一章)。

　　对于法兰西政制的描述,尤其是国王服从于法律的特点,马基
雅维利的看法与塞瑟尔存在一定的相似性。马基雅维利在《论李
维》(*Discorsi sopra la prima deca di Tito Livio*)中认为,法兰西王
国"比其他任何王国都更为根据法律与惯制统治"。法国之繁荣和
长期稳定,是因为国王带头遵守法律②。在《君主论》中,马基雅维
利又称"法国是我们这个时代里组织得最好,统治得最好的王国之
一",而其中最重要的制度即高等法院。在马基雅维利看来,高等
法院除了维护"法律的统治"之外,还是调和贵族和人民矛盾的重
要手段。③

　　在《法兰西君主制度》的几处位置,塞瑟尔给出了十分"马基雅

---

①　J. H. Hexter, *The Vision of Politics on the Eve of the Reformation*, p. 218.
②　Niccolò Machiavelli, *Discorsi sopra la prima deca di Tito Livio*, Milan: BUR
Classici, 2010, I, 16:"法国的君主不得不遵守无穷无尽的法律,而整个人民的福祉均
取决于这些法律。"塞瑟尔也指出了高等法院对法律起到维持的作用。(III. 1)
③　马基雅维利:《君主论》,潘汉典译,商务印书馆 1987 年版,第 90—91 页。

维利式"的表述。在讨论国王展现自己的宗教虔诚会有什么好处的时候，塞瑟尔写道："然而，只要国王（至少表面上）根据基督的律法与宗教生活，就不会做出暴政之事……而事实上，就如我们可以在古老的历史中看到的那般，这种拥有上帝在自己一边的宗教旗号和外表，一直都为君主带来很大的支援、服从和尊敬……因此，法兰西诸王理解和知道，一定要有好的基督徒的名声和信望，才能取得全体人民的爱戴和服从，即便他们本人并没有那么亲近或投入于对上帝的信仰和敬畏，他们也会避免做出格和应受谴责之事（至少不会常做）。"（第一部分第九章）马基雅维利式的建言还出现在第四部分。他建议君主"为了抵御威胁自己的敌人，还应当从事一切我们可以想到的可以损害他们的活动，而不要等到他们开战"（第四部分第四章）。他也可以挑起敌对国家的内乱，或是向其转嫁战争。不过，相比马基雅维利，塞瑟尔笔下的君主仍旧是符合传统基督教伦理的君主。他为君主建议的谋略，往往都附有一个条件，即"凭借良善的理性进行"（如第四部分第四章）。而在新征服地区监视敌对派系并要求他们留人质的做法有一个前提，即"如果我们发现他们没有过错，就不会让他们蒙受任何损失和损害"（第五部分第十章）。关于雇佣军的弊害两人也有十分相近的看法，这也许是因为他们对于意大利的情况有过共同的经历。

最后，也许还需就《法兰西君主制度》在 16 世纪的被接受（réception）情况略述一二。虽然我们看到，所谓的"宪制主义"可能并非塞瑟尔的初衷：在绝对权力的问题上，他更多是沿袭了中世纪法学家的辩证思路。这也就是为什么在 16 世纪及以后，人们同时从《法兰西君主制度》中汲取君权主义和限制君权的论据。纪尧

姆·德·拉佩里埃尔（Guillaume de La Perrière）的《政治之鉴》
（*Miroir Politique*）和路易·勒鲁瓦（Louis le Roy）的《论君主统治
的优越性》（*De l'excellence du gouvernement royal*）即对塞瑟尔的
论著多有借鉴。[①] 但是，在新教改革和宗教战争的语境下，人们通
常以《法兰西君主制度》作为限制君权思想的依据。1548 年，有
"新教改革史之父"之称的约翰·斯莱丹（Johann Sleidan）将塞瑟尔
的《法兰西君主制度》翻译成拉丁语，献给英国国王亨利六世。[②]
而他同时出版的还有科米纳的《回忆录》的译本。[③] 1572 年，《法
兰西君主制度》又有了劳特贝克（Lauterbeck）的德语版。法国新
教法学家、反君权论者的代表人物弗朗索瓦·奥特芒（François
Hotman）在其颇具争议的《法兰克高卢》（*Franco-gallia*，1573）
中援引了塞瑟尔的观点。让·博丹对于塞瑟尔的解读和吸收也许
更为准确。用纳多（Chrsitian Nadeau）的话说，"塞瑟尔与博丹都偏
好于一种在法律上绝对，但本质上受到首先为了统治效能而产生
的因素所制约的权力"。[④]《法兰西君主制度》还影响了 17 世纪初

---

① 孟广林：《试论塞瑟尔的"新君主制"学说》，《史学月刊》2004 年第 6 期，第
82 页。

② *De republica Galliae et regum officiis libri duo*，Strasbourg：Rihel，1548.

③ Alexandra Kess，*Johann Sleidan and the Protestant Vision of History*，New
York：Ashgate，2008，pp. 60-62.

④ Christian Nadeau，"Les constitutionnalistes français face au problème de la con-
stitution mixte：Claude de Seyssel et Jean Bodin，" in Marie Gaille-Nikodimov，ed. ，*Le
Gouvernement mixte. De l'idéal politique au monstre constitutionnel en Europe（XIIIe –
XVIIe siècle）*，Saint-Étienne：Publications de l'université de Saint-Etienne，2005，p. 99.
但博丹似乎又不愿提及这部作品。参见 André Stegman，"Jean Bodin critique de Claude
de Seyssel，" in Jean-Pierre Gutton，ed. ，*Lyon et l'Europe: hommes et sociétés: mélanges
d'histoire offerts à Richard Gascon*，Lyon：Presses Universitaires de Lyon，1980，
pp. 245-259. 这也许是让·博丹深知新教徒对于《法兰西君主制度》的尊奉使然。

贝尔纳·德拉罗什-弗拉万的《法兰西高等法院十三书》(*Treze li-vres des Parlements de France*,1617)。[1] 而 1653 年克劳德·若利(Claude Joly)用《法兰西君主制度》中的限权论据,反对基于"危害国王权威"封禁马扎然的著作。[2]

通过上面的多方面讨论,我们不难理解为什么近几十年来的塞瑟尔研究者难免作出与布恩相似的评价:塞瑟尔"似乎不能被很好地放入任何一个范畴"[3]。他活跃于意大利与法国之间,但既非法国人也非意大利人,而是萨伏依人。他自称"外国人",但赞美法兰西的制度与语言,并因此成为法国民族意识的推动者。他既非"绝对主义者"也非"宪制主义者",而是一位在传统意义上看待君主绝对权力的法学家。他虽然翻译了大量古典史籍,但不属于法国人文主义的核心圈子,对于意大利人文主义者的语文学追求也少有热情。他的论点的历史观与马基雅维利和圭恰迪尼(Guicciardini)等意大利作者多有相似,但他所关注的"维持与增益王国",还有他所做的历史翻译,却似乎更像是在迎合路易十一以来法国王室的兴味与爱好。戈利亚在评价塞瑟尔的法律思想时,用的是"在传统与创新之间"[4]。而这部在法国的"文艺复兴国王"登基之际进献的《法兰西君主制度》也许也是一部处在中世纪与近代交汇处

---

① Philippe Pichot-Bravard, *Conserver l'ordre constitutionnel (XVIe - XIXe siècles). Les discours, les organes et les procédés juridiques*, Paris: LGDJ, 2011, pp. 106-107.

② Jacques Poujol, "Avant-Propos," pp. 49-53.

③ Rebecca Boone, "Claude de Seyssel's Translations of Ancient Historians," p. 561.

④ Federico Alessandro Goria, *Fra rinnovamento e tradizione: lo Speculum feudorum di Claude de Seyssel*, Milan: Giuffrè, 2010.

的"观念熔炉"。正因为如此，它既可以被解读为旧时代的挽歌，也可以被视为新时代的预言。

四、关于中译本

《法兰西君主制度》有 1 个抄本和 3 个 16 世纪的印刷本存世。抄本即法国国家图书馆法语第 5212 号抄本。这个抄本也许即塞瑟尔进献给弗朗索瓦一世的版本，计 80 叶（feuillet），抄写清晰，装帧考究雅致，并配有精美插图。1519 年，书商勒诺·肖尔迪埃尔（Regnault Chauldière）出版了《法兰西君主制度》，并在抄本的书名前增加了"伟大的"字样。[①] 这个版本以版画形式，保留了抄本原有的华丽特色，也是作者生前出版的唯一版本。1541 年，巴黎大学的出版商加里奥·杜·普雷（Galliot du Pré）再度出版此书，而这个版本的特色，是将《详论萨利克法》（*Grand traité sur la loi salique*）收录于塞瑟尔的作品之后。[②] 虽然《详论萨利克法》在当时一度被认为是塞瑟尔的作品，但学界早已考证出，这部作品其实应成文于 15 世纪 60 年代。到了 1557 年，加里奥·迪普雷又重新出版

[①] *La grant monarchie de France, composée par missire Claude de Seyssel, lors evesque de Marseille et à present archevesque de Thurin*，Paris：Regnault Chauldiere，1519.

[②] *La grand monarchie de France, composée par messire Claude de Seyssel, lors evesque de Marseille & depuis archevesque de Thurin, adressant au roy treschrestian, Francoys premier de ce nom*，Paris：Galliot du Pré，1541.

了《法兰西君主制度》。①

在法语和英语学界，有若干个无法回避的校勘本。其中，16
世纪政治思想史的专家雅克·普若尔在抄本基础上完成了校勘，
并在附录中收录了塞瑟尔撰写的两部译作的序言。②黑克斯特于
1946—1947年在16世纪印刷本的基础上完成了英译本，后又由
唐纳德·R.凯利作了注释并撰写了历史介绍，1981年于耶鲁大
学出版社出版。③这个译本整体上通顺明快，对原文无法理解之
处作了较好的处理，但在若干中古法语词汇的词义选择上可能存
在纰缪。2013年，意大利学者伦佐·拉吉安蒂（Renzo Ragghianti）
在加尼埃出版社出版了最新的校勘本。这个版本可以看作普若尔
版的修订版，拉吉安蒂在普若尔的注释基础上补充了若干历史解
说，并将抄本与1519年版的变动作了对比。拉吉安蒂版也就一些
术语的含义给出了一份词汇表，是准确理解塞瑟尔所用法语词汇
的有益工具。

此次中译本根据1557年的版本译成，但没有收录附于正文之
后的无名氏的《详论萨利克法》。这个版本相比抄本和1519年版，
有颇多增删（增补为主），章节的划分也有所不同。但我们还是选
择这个版本为底本，主要有以下几个考量。其一，暂未有学者依据

---

① *La Grand' monarchie de France, composée par mess. Claude de Seyssel, lors evesque de Marseille et à present archevesque de Thurin adressant au roy François premier avec la Loy salique, qui est la première et principale loy des François*，Paris：Galiot Du Pré 1557.

② *La Monarchie de France et deux autres fragments politiques*，Paris：D'Argences，1961.

③ Claude de Seyssel，*The Monarchy of France*，J. H. Hexter，trans.，Donald K. Kelly，ann.，New Haven：Yale University Press，1981.

这个版本翻译;其二,在可读性上,这个版本更具优势,这尤其体现在一些增补上,将早期版本较难理解或者较为含糊的表述作了更详细的解释;其三,就传播的范围而言,藏于王室图书馆的抄本显然远远不及后来的三个印刷本,故而从观念史、阅读史和接受史的角度看,印刷本是更具重要性的。

为方便读者更好地理解本书,译者增加了一些注释,给出了相关研究领域较为权威或者较为新近的成果。注释中参考凯利本和拉吉安蒂本之处,在注释前分别标明[K]和[R]。就翻译的原则而言,由于《法兰西君主制度》的法语十分古老,我们采取的策略是尽可能保持原文风貌。虽然塞瑟尔希望自己的写作清晰,但他的文风难免还是给人以法学家的烦冗之感。在很多时候也让现代读者备感啰唆。各个版本在标点和断句上,也与现代的习惯不同。因此,我们在翻译时尽量保持原文的顺序和结构,从而体现塞瑟尔的文风。但同时,为了通顺起见,我们也不得不在很多地方调整语序,并作了断句和分段。而由于译者并非文献学家,所以这个译本并不涉及与其他几个版本的比对仅将抄本的章节标题及页码放于附录,供读者比对。因译者对于意大利史和军事思想史的积累有限,所以对相关内容无法作详细的注释;又因学识和精力有限,注释难免有所疏漏,理解也难免存在偏差。最后,鉴于目前拉吉安蒂最新的校勘本仅仅是比对了手稿与1519年版,所以译者在此呼吁国内学人进一步推进校勘工作,将后来的两个版本乃至斯莱丹的拉丁语译本都考虑入内。这样的工作对于理解塞瑟尔这部重量级作品在16世纪的流变与接受必然有重大意义。

目　　录

第二部分

第三部分

第四部分

作 者 前 言

致最为虔诚[1]、最为出众的国王：诸多哲人、神学家及智者都曾一般性地讨论过、书写过、阐述过国家的政体和统治的应然状貌，以及若干种统治形式和方式中，哪种是最好的、最值得称颂的。就此，他们写了为数众多的论文和大部头著作，令人深感阅读之艰，理解之难。而将这些东西付诸实践更为不易，[2]因为人们能轻易将想要说的、理性和自然理智（le sens naturel）所教导的东西书写下来。但是，人之不完美甚矣，以致无人如学者笔下那般智慧、有德；同样，亦难寻见或大或小之城邦或国家是完全依循道德和政治理性规制和领导的。因此，若是复述这些写过和讨论过此问题之人的各色论点、理由和观念，难免有累赘啰唆之嫌，也是不可能或是难以让人读懂的。光是书的厚度，就能吓走想要阅读之人，除

---

① "最为虔诚的国王"（roi trescretien），即"笃信王"，自查理五世以后成为法国国王的修饰词，并逐渐成为法国国王的专属头衔。作为"笃信王"，法国国王享有多项特权，尤其体现在其加冕礼、王室象征物和触摸治疗瘰疬病的能力上。"笃信王"的称号也赋予法国王权以凌驾于法国教会之上的权力，因此对法国王权走向"绝对主义"有一定的推进作用。参见陈文海：《君主制时代法兰西国王及其国家的"宗教身份"问题》，《世界历史》2006 年第 4 期；马克·布洛赫：《国王神迹》，张绪山译，商务印书馆 2018 年版；Jacques Krynen, *L'empire du roi. Idées et croyances politiques en France, XIIIe-XVe siècle*, Paris, 1993, pp. 345-383。[本书注释未加标注者的为中译者所作。]

② [K]参见 *Aristotle, Politics*, 4.1.1288^{b}34；2.12.1273^{b}27；Machiavelli, *The Prince*, chap. 15。

非那人有很多的闲暇。而即便他有意下苦功夫,在一番阅读之后,他也依然云里雾里,可能就许多段落责备作者。但是,我们不妨大略地汇总,并用简洁的语言说明可能对领导法兰西王国有益的东西,思考这个王国是如何确立的,如何变得今日这般伟大,以及指出我们亲眼所见、至今记忆犹新的错误,还有在编年及史书(里面我们可以看到法国人的功绩)中读到的那些错误——因为这些错误,这个王国曾蒙受巨大的伤害、屠戮和迫害,乃至一度近乎被完全摧毁和毁坏。且除此之外,国王与君主也曾错失众多确保国家永续的良机。

有鉴于此,撰写一部专门而单独的论著,在我看来是令人愉悦之事,也是值得进献给一位刚刚登基、对这个王国还没有完整认识的国王的,因为这种认识只有通过长期的实践才能取得。陛下,我既没有足够的知识,也没有足够的经验来着手撰写这样一部高贵的著作,更何况我并非出生在本王国,也没有足够长的时间操持和处理这些事务,让我能够理解这个王国的事务(尤其是如此重要事务)的冰山一角;那些一生都生养在此,即便是有很强理解能力之人,也鲜有能理解的,因为这些事务是如此之庞大,如此之艰深。因此,在写作当中,我很容易在许多事情上犯错,而且无论如何,我都会将自己交给各类工于谴责和批评新事物而非去付诸实践之人的评判和审核。我也会遇上某些人的不满,因为他们会在书中发现一些与他们个人意图相反的东西。尽管如此,考虑到如果每个人都因为这些困难而止步不前,就没人敢于着手了。故而我认为,与其说(像其他人那样)对我在王国定居、操持其若干重大事务期间所见所想的那一点点东西保持沉默,不如为此做一个引

子,用于推动和激发那些理解它并懂得如何去做之人的理解力
(l'entendement),用文字给他们更为充分的素材。而相比出于担
心被认为太过胆大,而将其放弃,也许斗胆着手撰写这部有益智
识,阅读起来又不会带来任何损害的书是更能被容忍的。

　　我对法兰西王冠(Couronne)①和民族的感情和责任迫使我这
样做;尤其主要还是对陛下您,这既是因为您现在是这个王国的管
理者和君主,也是因为我之前就对您以及您高贵的祖先——无论
是父亲还是母亲世系的祖先——均早已负有义务。②出于年龄缘
故,我目前有意致仕,献身上帝和教会。而且,我又没有时间与闲
暇,向您亲口告知和汇报若干我曾经手的重大事务。这是因为在
您统治之初,我曾因为召集王国内外的王侯和大人物的任务而不
堪重负,而参加您加冕的人,比记忆当中任何一位先王加冕的时候
都多。③虽说如此,在我看来,在如此短的时间里,似乎至少应该
通过文字,向您不仅讲述我曾经手的事务,还有我从中得出的领
悟。这样一来,当民众的压力和您的统治肇始之际需要应付的事
务过去,当您有更多的闲暇来思考王国事务的时候,就不必从教会
把我召唤回去,向您讲述我在已故国王也就是您岳父(愿主宽恕)

————————————

　　① 王冠本是源自拜占庭的一种权力象征物。其在法国从路易六世时代起逐步
成为最高权力的象征。王冠代表王国所拥有的不可让渡的财产和领地,以及国王之
不可消灭和剥夺的各项权利。参见 Jacques Krynen, *L'empire du roi: Idées et croyanc-
es politiques en France, XIIIᵉ-XVᵉ siècle*, Paris, 1993, p.126。
　　② 弗朗索瓦一世是昂古莱姆伯爵查理与萨伏依的路易兹所生,属于瓦卢瓦家
族的旁系,与路易十二均为奥尔良公爵路易(1372—1407)之后。由于路易十二无子
嗣,根据禁止女性继承的萨利克法,弗朗索瓦一世年仅4岁时便成了假定王位继承
人。弗朗索瓦一世的妻子克洛德是路易十二与布列塔尼的安娜所生长女。弗朗索瓦
一世的母亲路易兹来自萨伏依公爵家族。
　　③ 弗朗索瓦一世的加冕礼于1515年1月25日在兰斯大教堂举行。

那朝曾承担的任务,尤其是其统治的最后几年。① 因为我在书里写的内容,会比我当场说的东西多得多。尽管我在讨论中只使用一般性的术语,但在我看来,这些话题是十分易于归结到具体事务的,所以在书中无需详细说明。而且,您身边拥有如此众多伟大而显赫的人才来处理您的重大事务②,他们在只言片语间就能理解它们,而我却要为之思考一个月,遑论写作。在那些他们擅长的领域,我也许没有必要再作建议,因为有不少人比我更有见解,也更熟悉和了解过去的事务——无论是有关您的王国的,还是有关其他国家和王国的。而且,他们还曾处理过先王即您的岳父以及另外两位先王的主要事务,这三位先王③都是贤明、英勇的君主,有值得永远铭记的丰功伟绩。而那些我曾经负责的事务都已由他们经手。在我受先王之命、代表先王去往各地时所写的若干书信中,他们已经看到了我从那些事务中领悟到的一切。④

尽管如此,考虑到人终有一死,越是经历更多的事情,越是花去更多的时间,他们就越难有平静的生活。他们由于承担着处理

---

① [K]从1513年起,作为马赛主教,塞瑟尔参与了同教廷的谈判。他于7月24日抵达罗马,参加拉特兰大公会议第八次(而非第九次,据普若尔)会议,因此为1515年的《教务专约》铺路。路易十二于1515年1月1日去世;弗朗索瓦一世于1月25日加冕;塞瑟尔则在辞去世俗职务(巴黎高等法院请愿官)之后,于4月在完成此书后开始承担主教义务。

② [K]尤其是掌玺大臣安托万·迪普拉(Antoine Duprat)、财政长官雅克·德·博纳(Jacques de Beaune)以及国王的母亲路易兹和私生弟弟萨伏依的勒内(René de Savoie)。

③ 即路易十一(1461—1483在位)、查理八世(1483—1498在位)和路易十二(1498—1515在位)。

④ [K]塞瑟尔的书信已经在卡维利亚一书的附录中出版。Alberto Caviglia, *Claudio di Seyssel (1450-1520)*, Turin, 1928.

您的事务的重任，便难有闲暇将他们在过去所见、所知书写下来，以资后用。而且，对于那些在您身旁建言献策的人，尤其是根据事态变化向您建言的人，他们做的是比理论探讨更为重大、更为必要之事。而我拥有闲暇，对曾经处理的和了解的事情有鲜活的记忆，所以我决定将其传达给您。我并不会通过说教和教导的形式，因为这对于一位人微言轻、孤陋寡闻的外国人而言，会是极大的狂妄和鲁莽，自以为能教导如此贤明的国王（他身边有如此众多显赫的人物陪伴）应该如何行为。但是，我可以使用论著的形式，这是所有略有文化，受过宗教和历史阅读训练的人都可以做的事。因为这仅仅是重述他们看到的真实的典籍中所写的东西。相比那些虽然从未在纸上学过，但沉浸于这些事务的人来说，论著的作者对于他们所写既没有实践也没有经验，更不用说实施；但他们有更好的机会以及能力去将其写下来，倾注平生所学。另外，虽说在这部论著中我讨论了有关法国的一些具体事务，尤其是战争和其他一些并非我专长之事，但是，对于这些事务我并没有充足的经验，依靠的是我从许多重要人物那里取得的信息，他们对此拥有完备的知识；而且这些内容流传甚广，乃至于尽人皆知，且我本人也见证过一部分。我也曾经常观察负责这些事务之人是如何行事的。况且，我只会具体写那些得到政治理性、公认的权威、真实历史的典范所证明的内容；就如那些曾经写作有关政治体（polices）①和国家（choses publiques）的论著之人（无论用希腊语还是拉丁语），他们

---

①　如译序所述，police 一词在《法兰西君主制度》中有重要的位置，但也是一个有多重含义的术语。以下，根据不同的语境，将这个词语翻译为"治理""定制""政治秩序"等。

大多是学者，对他们所写的大部分东西都没有经验。不过，对于他们的作品，我在撰写本论著的时候，未能即时翻看。这是因为时间过于仓促，也就是我从罗马返回到离开宫廷之间，我追随您的大约两个月时间。而这段时间大部分都在参加您加冕的旅途中度过，还用于处理我个人的事务。而且，即便我有闲暇阅览那些书籍，我也无意作更详尽的讨论，以免让本作过于烦冗，并因此让陛下您还有如我前面提到其他想要阅读这部论著的人感到枯燥乏味。另外，我并无意遵循任何就此有过著述之人的风格或者使用他们的术语，因此用的是人们熟悉的风格和常用的术语，而不援引大道理或者权威。我在讨论各个要点时，并不会对时人指名道姓，也不会具体讨论。我的目的仅仅是为那些精通这些事务的人更进一步书写或讨论提供材料，免去他们汇集作品的所有部分的麻烦。

所以，为了让这部著作易于理解和记忆，我将其分为五个主要部分，第一部分我努力证明，君主制政府与统治为何是所有政体（politique）中最佳的；且法兰西的政体是过去和当今所有君主制国家中最为文明（civil）、治理最好的，以及它抵达这种伟大（grandeur）①的理由和手段是什么。在第二部分，我回忆了若干有关治理的手段，依靠这些手段，法兰西王国得以维系和增益。第三部分我讨论了有关军事力量（la force）的手段。在第四部分，则讨论了有关与外国君主和国家往来的手段。第五部分讨论我们应该如何发动新的战争和征服，以及通过何种手段防卫和保持新征服的地

---

① ［K］塞瑟尔的"伟大"是意大利政治词汇的例子，相当于意大利语的 grandezza。这个词出现在 14 世纪迪诺·坎帕尼（Dino Campagni）的《编年史》(1：1) 以及马基雅维利时代的其他作品中。

区。所有这最后四个部分都指向一个目的，即展示如何，以及通过何种手段维系和增益法兰西君主制。但是，为了让阅读者感到更为清晰和便利，且考虑到这个部分相比第一部分过于烦冗，我将其一分为四。出于相同的理由，我也根据讨论的内容，类似地将每个部分划分和区分为长短不一的章节。

在此，我极尽谦卑地向您祈求，陛下，愉快地收下我在您欢乐登基之时向您进献的这份微小的礼物，并乐于读之，因为它出自我的一片好意。而如果您在书中看到能帮您处理事务的东西，请随意取用；此书之外的内容则以您的理智与审慎，以及您选择处理您重大事务的良臣的建言为补充，而您已经很好地在这样做了。通过这样做，您便能（在上帝的帮助下，借助于时势）让您的王国拥有前所未有的幸福与名望。本书也能够为那些喜欢书写此类事务，并知道如何这样做的人（这些人在法国和其他地方为数众多）提供材料，让他们将其用拉丁语和法语写下来，为您和您富有德行（比您的任何一位先王都伟大）的事迹留存永久的记忆。一切的荣光和荣耀归上帝，若是如您至今为止在一切事务中所习惯的那样，带着对上帝的敬畏而活，您将跻身于富有德行而虔诚的君主的行列，在这个世界上享受光荣且经久的声望，在彼世得到永恒的奖励。这一切都凭借上帝无限的善与仁慈，而人世和天国的一切善、一切荣耀、一切幸福都出自它，附于它。

第 一 部 分

第一章
对君主制国家的一般性讨论，
君主制是最佳政体

我们不深入哲学家们的争论，而是预先假定政治体制（regime politique）有三个种类和方式：即由唯一的君主统治的君主制；由若干贤人（gens de bien）统治的贵族制；以及民主制，即民众的体制与统治。①（根据真实且最为公认的观点）三者当中，只要有一位好的君主，他具有理智、经验和行善治的意志，那君主制就是最佳的。但是这并不常见，因为享有如此大的权威和特权之人是很难维护好公平正义的。第二种国家似乎最为合理，最值得称颂，因为它更为持久，有更好的基础，也更令人能够忍受，因为它是由人民大会或是部分人民选出的人组成，是可以纠正和变更的；即便他们当中某些人是邪恶的，不那么称职的，贤人能作为他们的上级，轻易克制住他们的大胆妄为，阻止他们非理性的举动。至于民众国家，它总是喧嚣而危险的，是贤人的敌人。但是，贵族制国家也时常会转变为寡头制，即一些贪婪而野心之人的垄断，他们虽然是作为人民

---

① ［K］*Aristotle*, *Politics*, 3. 7. 1279ᵃ, 22；Plato, Republic 8. 544.

中最贤明、最审慎之人而被选举出来妥善管理和统治国家的,但仅仅谋求他们的个人利益。有了上述全部讨论之后可见,任何一种国制(estat)①都不可能是永恒的。相反,这三种政体随着时间推移都会败坏,尤其是随着它们不断生长;就如我们经常看到的那样,由于某种政体陷于混乱,人们转而采用另一种政体。

---

① 中古法语 estat 一词来源于拉丁语的 status。在中世纪中晚期的政治思想中,常有 status regni(或 imperii)和 status ecclesie 之类的表述。前者多代表世俗政治共同体,后者则往往代表教皇权力行使所受到的约束。出于上述考量,也是为了与"国家"一词区分,我们将 estat 笼统地译为"国制"。但如贝尔纳·葛内指出,塞瑟尔在这里所使用的 estat 有近似国家的意味,这是这个术语在 1500 年前后的新变化。参见 Brian Tierney, "The Canonists and the Mediaeval State," *The Review of Politics*, 15 (3), 1953, pp. 378-388; Bernard Guenée, "État et nation en France au Moyen Age," *Revue Historique* 237, no. 1, 1967, pp. 17-30; Gaines Post, "Status Regni: Lestat Du Roialme in The Statute of York, 1322," in *Studies in Medieval Legal Thought: Public Law and the State, 1100-1322*, Princeton: Princeton University Press, 2015, pp. 310-332.

第二章
论罗马人的国制与统治及其优缺点

对此，我们从罗马人的国制和统治（empire）中可以清楚理解，根据所有智者的判断，根据我们在相关书中看到的历史，以及我们经验所见，罗马人的国制和统治是最为伟大、治理最好的。尽管如此，罗马人从国王的君主制走向了十人统治，随后是民众统治，随后又转向君主制。罗马曾长期处在人民的权威之下，由执政官和元老院管理和统治。在此统治期间，它最为繁荣，一直都在扩张，直到它重新回到君主制。[①] 事实上，罗马人的这种国制包含了三种政体的成分。[②] 虽说执政官在执政期间，就多项事务拥有最高权威（尤其是当他们在城邦之外的时候），但是，元老院——人们认为最为贤明、最为审慎的人都集中于此——是重大事务的掌舵手，

————

① ［K］Polybius, *History* 6.4；参见 Augustine, *City of God*, 2.21, 19.21。罗马模式不仅在李维处有反思，也在塞瑟尔翻译的其他许多作者处有反思，尤其是尤斯蒂努斯、西西里的狄奥多罗斯（Diodorus Siculus）、阿庇安，以及罗马法《学说汇纂》(1.2.2)"有关法的起源"。在同时代，艾马尔·迪利瓦伊还将其与波利比乌斯的政体循环论混合在一起，参见 Aymar du Rivail, *Historia juris civilis*, Paris, 1515。

② ［K］Polybius, *History*, 6.11.

以至于如果没有元老院的首肯,就难以通过任何重大的事宜。①
且尽管如此,人民在政府中也扮演着很重要的角色,无论是在官员
遴选,还是决定和平或战争等其他许多重大事宜上。此外他们还
有保民官(Tribun),没有他们,元老院便不能颁布有效的政令(de-
cret)。② 出于上述的原因,共同体和民众统治的这种政府形式,是
历史上有过的最好的,也许较之后而言也是最好的。经验可以证
明这一点,凭借这样的体制和政府,罗马人统治了世界的大部。

　　虽说如此,通过阅读他们的事迹与历史,我们发现罗马有着许
多的缺点,这是通过道德理性与经验所能判定的。我无意堆陈可
以让我们发现这些缺点的所有要点,而是想指明其中重要以及最
为明显的几点。它们是导致罗马民众统治灭亡,使之重回君主制
的原因。罗马君主制随后又如我们所见,化为乌有,或者说是变得
微不足道。事实上,在最开始,元老院以及众贵族,在国王被驱逐
并建立了民主的国制和政府之后,取得了极大的权威,留给平民的
则少之又少,以至于他们因为极大的不满而反叛并脱离他们。为
了安抚他们,就必须给这些人超出合理范围之外的更多的权威。
随后,他们对城邦的争论和异议此起彼伏,连续不断,除非遇上外
部危机才暂告停息。这在国王统治的时候是根本没有出现过的。
因为相较服从于他们通常认为自己与他们可以平起平坐的一群人

　　① 有关罗马共和国及帝制早期的元老院权力,参见 Crifò Giuliano, "Attività normativa del senato in età repubblicana," *Bullettino dell'Istituto di Diritto Romano "Vittorio Scialoja"*, no. 10, 1968, pp. 31–115。
　　② 这里的"政令"指的是"元老院决议"(senatus consultum)。整句话则应该说的是保民官对于元老院决议的否决权,例见卡西乌斯·狄奥:《罗马史》55.3.5。

而言，更让人民能够忍受的，是作为唯一一位君主的臣民，服从于唯一一位君主。如果我们给人民一点权威，久而久之他们就会想要大部分权威，随后就出现失序，罗马人的民主制就发生了这种情况。人民的权威变得过大，产生两个后果：一方面是保民官的权力过大，导致很多时候，许多好事被妨碍，坏事反而得到实施；另一方面，还体现在官员以及战争和治理首脑的选择上，在多数时候，尤其是在和平和繁荣之际，它们多是凭借野心和腐败而进行的。借助于此，那些通过贿赂、许愿或是其他非法手段的人，相比于热衷公共善的良善名流，更能够取得人民的青睐。于是，那些通过这种手段当选、被委以这些职务的人便开始大肆实施掠夺、勒索和暴力——无论是对罗马帝国的臣民还是对它的朋友、盟友——用于为他们的开销买单。这些开销既用于取得那些职位，也为了能够永远通过同样的手段讨好人民。此外，他们还允许士兵和雇佣兵效法他们所做的那样，这既是为了取得他们的支持和好意，也是因为即使要惩戒他们，他们也不会甘于承受；士兵们会谴责他们，说自己是学他们的样子。于是，军队的纪律彻底变质、瓦解，真正而古老的政治秩序被腐化。这军纪和政治秩序起初是缔造和建立这个帝国的先贤所确立的，并持续了很长的时间，直到丰裕和伟大让其窒息，并让其中生出所有这些瓦解和腐败。

因此，他们之间就有了内战的端倪。那些不能凭借功勋和业绩，不能凭借元老院的权威来操持城邦重大事务和荣耀官职之人，发现有机可乘，打着公共善的幌子，说些讨好人民的话，从而取得人民的支持，让他们与元老院和贤人产生争执和嫌隙。这些人希望通过这一手段，通过人民的支持，取得城邦的主要权威，弹压元老院和政府要员,就如《土地法》(la loi Agrarie)的创造者格拉古(Graccus)兄弟所做的那样。① 而这种不满和冲突之后,另一场大的国内争端也随之而来,也就是马略(Marius)与苏拉(Sulla)之争。② 这场争端危害更大,不仅败坏了一切军事纪律,而且还打消了将领和士兵对元老院和官员的服从,以至于那些握有武器和军队的人为所欲为,并因此成了最强者(无论是在农村还是在城市),不再对元老院有任何服从。相反,他们篡夺了一切权威,随意处置一切事务,乃至通过杀戮残忍迫害那些对立派系之人,而无论其地位、官职和权威。苏拉和马略是始作俑者,而尤里乌斯·凯撒以他们为榜样;随后还有安东尼(Marc Anthonie)、雷必达(Lepidus)和屋大维的三头统治(Triumvirat)。随后,屋大维打败了另外两人,成了留在君主制里的唯一一人。而即便在之后很长时间里,他也做了许多极为恶劣的事,留下了很坏的榜样,之后的几乎所有皇帝都曾效法过他。由此可见、可知,如我已经说过的那样,对于民众政府的缺陷,很多关切公共善的智者贤人在弊害出现之前就已有觉察,但他们无法开出解救的良方。

----

① 即前133—前121年罗马的土地改革,旨在抑制土地兼并,保护贫民土地。该改革以失败告终。
② 即前83—前81年的"苏拉内战"。苏拉在胜利后成为独裁者。

第三章
论威尼斯的国制与统治及其优缺点

由此得出的结论是,人民主掌权威的民众体制,即便它具备另外两种政体的元素,也不可能是完美的。贵族制则要好得多。它由若干位重要公民把持,根据良善的法律统治,能够长久维持。威尼斯在我看来就是如此。而且,它还带有一定的君主制成分,因为有总督和元首,而并没有任何民众体制的成分。因为人民在统治中没有任何权威,所以是完全服从于领主统治(seigneurie)的。①但是,领主的统治维护了他们的自由和特许权,所以他们没有理由起身反抗,而且他们也受到了严刑峻法的限制和打压。通过这样的手段,威尼斯取得了我们万众瞩目的伟大,面对各位强大的君主也能延续和保全,所以即便是经历了很大的磨难也一直都能自立自强。实际上,它也是我们读过或者见过的最完备(accomply),治理最好的帝国和共同体之制。任何对他们的法律、习惯和生活方

---

① [R]总督是国家权力的象征,至尊之城的代表。大议事会取代了被称为Concio 的民众集会。1297 年,大议事会不再行选举,而变为世袭,从此往后成为少数贵族的禁脔。

式①有所了解之人,都会下这样的判断。

　　但是,威尼斯的贵族制总还是有一些缺点,通常将其置于巨大的麻烦中,使之几近覆灭,而且是在未来还可能威胁其存亡的原因。这个国家,还有(这世界上曾经有过的和未来会有的)其他所有国家,到头来都会寿终正寝。这是因为天底下没有永恒之物,所以一切有开端的东西,都会有结束。这些神秘体(corps mistiques)②也是如此,它们形似人的肉身,而人的肉身是从四种相对立的元素和体液(humeur)所创造和构成的。③ 虽说在一段时间里,这肉身能够延续和保存生命,即当这些体液相互处于和谐的时候。尽管如此,长期看,一种体液总会压过其他几种;而由于上述结合的瓦解,整个躯体也会回归其最初的质料。这是因为根据自然的安排,所有上述元素和体液,在组合起来之后,都会经历增长、稳态和收缩;而当出现收缩的时候,就需要调节自然状态,支援最弱的肢体和体液。但当我们想要帮助一种的时候,就可能损害到另一种。对于人类结成的神秘体来说也是如此,因为它们在通过公民的和政治的结合而组合起来后,会经历一段时间的增长和增殖,随后在一段时间处于稳态。再后来,由于它们是由多种不协调且相互排斥的理解和意志构成的,便开始衰落,最后化为乌有。

----

　　① 生活方式(la forme de vivre)相当于拉丁语中的 modus vivendi,既可以指生活方式,也可以指相处之道。这就是为什么在后面讨论外交的章节塞瑟尔也会用到这个术语。
　　② 〔K〕有关神秘体,参见 Ralph E. Giesey, "The French Estates and the Corpus Mysticum Regni," in *Album Helen Maud Cam*, Louvain, 1960, pp. 155-71,以及 Ernst H. Kantorowicz, *The King's Two Bodies*, Princeton, 1957, chap. 5。
　　③ 这里指的是源于古希腊的四体液说。四种体液分别是血液、黏液、黄胆汁和黑胆汁,它又对应人的四种气质。体液失衡则导致疾病。

实际上，无论是人体还是神秘体，都经历 5 个年龄段，即儿童，这是开始；青年，这是增长；壮年，这是稳态；老年，这是衰落；朽年（decrepité），这是瓦解。一些著名的作家和历史学家就是根据这样的年龄段和层次描述和划分罗马帝国的。①

　　回到我们所讨论的威尼斯人的贵族国制与统治，其中就有一些排异的东西，已经在之前造成过若干困扰，而且长期看将是难以维系的。问题在于，作为领主的那些绅士，取得了完全的掌控权，在他们自己当中瓜分官职以及一切（或大部分）有荣耀和利润的职务。而对于这些职位和职务，其他公民（其中有很多是贤者、富人和上进之人，他们拥有很强的觊觎之心）心中生起了很大的不满，尤其是因为，这些绅士和领主的人数，随着时间的推移而大大增加，目前到了冗余的地步。而相比之下，在那些臣服于他们的城邦和领地，贵族和权势者的地位被压得很低，因为威尼斯统治者总是担忧，这些人若是在人民中拥有信赖和权威，便可能怂恿人民叛乱。所以，这些重要的公民根本没有希望取得什么重要的职位或俸禄，何况这些职位还不足以满足那些领主的一半需求。另一个大的弊端是，为了防止他们中任何一人因为在人民和士兵中拥有权威而篡夺统治权，威尼斯的大小将帅（尤其是陆军）通常都不是他们本民族人；他们通常将军队的任务都交给了外国人。确实，由于他们更善经商而非打仗，威尼斯人鲜有良将，甚至少有好兵。因此，由于他们的将领以及大部分士兵都是外国人，他们对于政权和

---

① 　[K] Lucius Anneus Floras, *The Two Books of the Epitome*, trans. E. Forster, New York, 1929, bk. 1；参见 Lactantius, *The Divine Institutes* 7.15。

国家没有那些属于这个国家的人所拥有的那种情感和热情。他们又为将帅配备了助手和副官,他们称之为监军(providateurs),①而如果没有这些人,那些将帅就不能下达任何重要的指令,甚至战斗指令也是如此。但这并非充分的补救办法:由于这些监军并非职业军人,他们很容易犯下大错;而将领看到自己不得不服从于那些对军事一无所知之人,通常就对监军嗤之以鼻,也不愿像他们如果有完全的权威时候那样拼死效力;有时候他们也很乐于看到,他们违心按照监军的要求去做的事情以失败告终,这也是人们常见到的事。此外,在威尼斯绅士和领主之间(即在那些贵族世家和随着时间推移新创设出来的绅士之间,而后者在目前而言比世家人数更多)有很大的嫌隙。因为无论是就国家事务的操持还是职位或者其他荣誉和利益而言,每个派系都努力争取主要的权威。这导致他们常常对于国家事务存在分歧和派系之见,因为他们更关注个人的激情而非公共善。他们和其他人一样,都是些激情的臣民。尽管得益于最为贤明之人的理智和领导,目前还没有因此产生什么重大的恶果,但是,长远来看存在很大的危险,也就是当这个神秘体的坏的体液增殖太多,腐败得太多的时候,严重的疾病就会出现。届时可能都难以及时找到良药。

---

① [K]有关"监军"亦见 Philippe de Commynes, *Mémoires*, bk. 7, pt. 18 and bk. 8, pt. 9。

第四章
从上述几点得出的结论，
即君主制是最佳的

我在这里说的这些，并非是身不由己，也并不是我有意非议威尼斯人的国制与政府，相反，我认为威尼斯是我见过和读到过的贵族制国家中治理最好、最稳固的。但是，为了说明我的主旨，我需要说明的是，这样的国家的缺点，尤其是当它庞大而强盛的时候，是不可能比君主制国家少的。因为，相比一群被选出来进行统治的人的集会，单独一位领袖和君主可以治疗和防范所有危险和不便，因为那些人尽管是选出的统治者，却依然服从于他们所统治的人。而一个群体，无论大小，如果它的领袖是临时而且可变或是没有完全权威的，就不会像君主那样得到足够的服从、尊重和敬畏。对于这一点，神圣的、人的、自然的和政治的理性可以证明，即一切事务总是应该回到一个领袖，而领袖和君主人数众多是危险的。[①]我们还通过经验看到，有的君主制国家比任何一个贵族制、民主制和民众政府更为经久，如亚述人、埃及人还有帕提亚人的王国。且

---

① ［K］参见 Thomas Aquinas, *De Regimine Principum*, chap. 2。

即便领袖和君主通常会因为死亡或其他原因而变动,它们更为和平安宁,国内更少有变动和异见。我们这个时代的王国,如英格兰王国、西班牙王国,尤其还有我们讨论的法兰西王国,莫不是如此。因为它们的君主制已经持续很长时间,比任何人们知道的民主制或贵族制大国都要长久。

第五章
世袭君主制优于选举君主制

　　我们的经验还告诉我们,采取世袭制的王国,比那些采用选举制(比如罗马帝国)的王国更为繁荣。理由也是很明白的。因为为了取得如此伟大、如此荣耀的地位,人们便会不择手段,最常见的就是诉诸武力,这就是我们多次在皇帝和苏丹选举中看到的情况。① 而上帝不愿意在教宗职位和其他教会职务上出现这样的情况,因为这些职位应当由完全的纯洁、完全的爱德、完全的诚实所主导。因此,出于这些以及其他我们能够提出的(为了避免繁冗我在此略过,且已经在开篇呈示过)原因和例子,我们可以断定,国家的统治在一位君主之下,比在贵族制和民主制下(即在少数被推举出来的人手中或是全体人民手中)要稳固得多。

---

　　① ［K］指的是塞瑟尔写作不久前,奥斯曼帝国苏丹拜齐德(Bayazid)之子的继承之争(1511—1513)。

第六章
具体到法兰西君主制，
它比任何国家都管理得更好

但是，如果没有其他什么特别之处，法兰西君主国在这方面就与其他王国和君主制国家（它们都以相同的方式统治）没什么不同了。尽管如此，我想要说明的是，无论是与我们目前所知的，还是与古代历史所记录的其他国家相比，法兰西君主制有着远为优越的统治秩序。这使得它不仅能够长期持续、自我维持和保持，而且还能够繁荣昌盛，取得强大的势力与主导权，尤其是通过纠正王国的一些缺点——这是很容易的事，对此我会在后文讲述。

第七章
王国行男性世袭之益处

而我在法兰西王国发现的首要优点,即根据法国人所说的萨利克法,这个王国行男性世袭,不会落入妇女手中。这是极好的事。① 因为王国如果落入女性世系,就可能由外国男性掌权,这是有害而危险的。这是因为异族之人出自不同的养育(nourriture)和环境,与他前来统治的国度之人有不同的习俗、不同的语言、不同的生活方式。所以,他通常会任用自己民族的人,并在事务处理方面授予他们最大和最主要的权威,授予荣耀和利益时也更偏向于他们。由于他对于他们总是有更多的友爱和信任,也就会更符合于他们的风俗与条件,而非他新来之地的人民的。因此,本国人与异族人之间总是会出现嫉妒和不满,各路诸侯也会对此感到愤怒。这样的情况我们时常可见,每天都在上演。而如果王位是从男性传给男性,那继承人总是确定的,他也总是与前一任国王出自相同的血脉。因此,臣民对他们会有比对其他人更强烈的爱和尊敬,且经久不变;一旦一位国王去世,人们也会毫不迟疑地拥护另一

---

① [K]有关排除通过女性继承王位的"萨利克法",参见 Ralph E. Giesey, "The Juristic Basis of Dynastic Right to the French Throne," *Transactions of the American Philosophical Society*, vol. 51, pt. 5, Philadelphia, 1961.

位——即便他与已故国王亲等（degré）①很远，且逝者有女儿——而不会有任何动荡和困难。这也就是我们在国王查理八世和新近驾崩的路易十二去世时所看到的情况。② 而在过去，这种时候总会产生大的争执和分歧，引发内战、迫害和毁坏。不过，分歧与其说是出于理性，更多是以继承权争议为幌子（即便人们知道它是荒谬的、依据不足的）谋求别的目的。而最终，这个问题必须要矫正归位，并确立得固若金汤，那样这个方面就不再会有分歧和麻烦了。而为了证明和维持我所说的法兰西君主制的完美，我将法兰西国家目前的状况写入了这部集子，并附上了古老的法律，以及新的、更为晚近的习惯和规制。

① 亲等（degrés de parenté）是中世纪法学家衡量亲缘关系远近的尺度。其具体计算方式在日耳曼法、罗马法和教会法中皆有所不同。但萨利克法已经规定，王位继承并非按照亲缘关系的远近，而是要从男性的世系中寻找最近的继承人。参见科姆·基米耶在《布尔日国事诏书注释》中的表述："王室亲族根据亲等次序继承法兰西王国，即亲等最近者凭继承权利取得王国。如果整个国王家族死亡，但有一人有祖先血脉，且无他人亲等更近，即使此人位列上千亲等（in millesimo gradu），他亦当根据血缘权利和永恒的习惯继承法兰西王国。"

② 查理八世为瓦卢瓦家族嫡亲的最后一位国王。因为无后，由奥尔良支系的路易十二继位。路易十二亦无后，所以属于奥尔良支系之下的昂古莱姆支系的弗朗索瓦一世继位。

第八章
国王的权威和权力在法国如何受到三道缰绳的规制和制约

　　法兰西王国还有另一样事，在我看来对维持和增进这个君主制十分重要，即它的领袖和所有成员都井然有序，几乎不会出现大的异见与不和谐——除非是上帝有意，按照自然之通常过程（自然无法创造或者产生任何永恒的、不会腐败和变动的事物），它衰落和瓦解的时候到了。和我们上面说过的一切其他国家一样，这是迟早必然发生的。但是，就如必死之人当中活得更久、更为健康的，必定是有更好的体质，凭借更好的方式生活的，同样，最为稳固、治理最好的领地和国家也必然是最为持久且优越的。为了更清楚地表达我所说的法兰西政治秩序（police）是什么意思，我预设君主制国家陷入分裂和混乱的最大危险，是君主的变动（像法兰西这样根据亲缘顺序的自然继承即位尤为如此）。因为，常有一个无能的、有许多恶习与缺点的国王接替好的、勇武的国王，或者是年幼的儿童即位。若是这位有缺陷的国王，或是那些操控尚且是儿童或完全无能的国王之人统治不佳，就会引来许多混乱和武断之事，这就会对国制造成大的破坏和毁坏。对此，我们在这个王国也能见到若干例子。当根据上帝的命令和意志，对这个国家的报复将要来临的时候，它将会是通过这样的手段，或者其他（由神圣的智慧和神意所预定的）类似手段，分毫不差。这是人的理性和审慎所无法抵御的。惩罚可能在看似最为繁荣，变故和困厄最少的时候发生，为的是让迷失于世俗事物的人们认识到自己的脆弱和不稳定，认识到神的力量与意旨，就如我们在当今时代常看到，也在多部古代历史中读到的那样。不过，只要这出自最为高贵和古老的世系的国王还在，我祈愿，上帝就不会允许这样的事发生。

　　但是，回到我的主题，凭借人类的理性，我认为，在这个王国，我们能够比其他任何国家都更迅速、更牢靠地想出用于脱离此种困境的解药。因为，就领袖和君主因为缺点而可能带来混乱而言，如果他们是堕落而武断的，有多个解药可以制约他们的绝对权威。如果君主由于年龄尚幼或其他原因而无法亲政，这些解药则更能够制约那些操持王国的人。且尽管如此，国王的尊严和权威总是保持完整，它并不是完全绝对的，也没有过度受到制约，但是受到良善的法律、法令和习惯所规制和制约。这些法律、法令与习惯是十分稳固的，几乎无法被打破或者废除，尽管在有的时候，有的场合，会有某些破坏或违背。至于规制法兰西国王绝对权力的上述缰绳，我认为主要有三：一是宗教，二是司法，三是定制（police）。

第九章
宗教是国王的第一道缰绳

说到第一道缰绳,确凿无疑的是,法兰西人民于过去和现在一直都是所有人民和民族中最为虔诚和笃信的。即便是在他们还虔诚于偶像崇拜的迷信的时候(几乎就和世界上其他任何地方一样),法兰西人民就对此勤于奉行,以至于这种迷信的保管者德鲁伊在他们当中拥有完全的权威。对此凯撒在《战记》中有相关的讲述。[①] 尔后,当基督教信仰照亮,他们也是遥远的民族中最早接受它的,而且皈依之后,完全保留了信仰,并一直比其他王国、人民和民族更为虔诚,而从未滋生过任何异端。对此,圣哲罗姆可以为见证。[②] 因此,效法高卢和法国人的信仰和宗教,英国人、德国人、西班牙人和其他邻近民族时常且多次接受和改革了他们的信仰和宗教,且法国君主和人民总是比其他任何人都更为热心和迅速地根除异端和异教徒,捍卫普通罗马教会。且现如今,所有基督教民族

---

① [K] Caesar, *The Gallic Wars*, 6. 13-14.

② Sola Gallia monstra non habuit, sed viris semper fortibus, et eloquentissimis abundavit. Eusebius Hieronymus, Stridonensis Presbyteri, *contra Vigilantium liber unus*, PL 23, col. 339, Paris, 1845.

都来到巴黎大学学习神学,仿佛一股泉水,从中生发出完美的学说。①

　　正因为如此,这个王国被称为"笃信的",国王也是"笃信王"。因为这个原因,任何一位国王都必须通过实际和外部的垂范和展示而让人民知道,他是基督教信仰和宗教的热忱拥护者和遵守者,并且有意凭借自己的权力维持它、增益它。因为如果人民不这样看他,他们就会厌恶他,也就不会很好地服从他。这样一来,对于王国发生的所有困厄,法兰西人民都会归咎于国王奸邪的信仰和宗教的不完美。这样一来可能会导致很大的丑闻,就如之前发生过多次那样,即便这些失序更可能是来源于其他人而非国王。对此我不想再多谈,因为这是相当常见的。然而,只要国王(至少表面上)②根据基督的律法与宗教生活,就不会做出暴政之事。而如果他不巧做了一件,每位向善生活、尊重人民的高级神职或者其他宗教人士都可以就此向他进谏和规劝,普通的布道士也可以公开当面谴责和劝说他。这样,国王就不敢苛待和损害人民(即便他有这样的意志),以免引起人民的恶意和愤怒。而就我们所知,这在别的王国,至少在相似的王国中是没有的。凭借一项古老的习惯与惯例,国王们从小就对宗教有很深的教育和习惯:他们几乎不会误入歧途,不会不敬畏上帝,尊重名声赫赫的高级神职和教会人士。而事实上,就如我们可以在古老的历史中看到的那般,这种拥

　　① 这里塞瑟尔也许暗示了中世纪的"学术转移"(translatio studii)观念。根据这一观念,学术从希腊转移到罗马,再从罗马转移到法国。
　　② [K]塞瑟尔强调"表面上的"虔诚让人想到马基雅维利著名的建议(*The Prince*, chap. 18)。

有上帝在自己一边的宗教旗号和外表，一直都为君主带来很大的支援、服从和尊敬。例子无需赘述，显而易见的是，亚历山大大帝自称是朱庇特神所生①，而希腊的所有古老国王和大将都自称是天神的直系后裔。努马·庞皮留斯（Numa Pompilius）也是这样让罗马人民更为服从的，因为他佯装自己做的一切都是根据天神的建议，而且与女神厄革里亚（Egerie）结合（conference）②，这比罗慕路斯凭借其崇高而勇敢的事迹，以及他严明的军纪更能获得服从。类似地，我们还读到西庇阿·阿非利加努斯假装与天神交谈，并根据他们的建议行事。③ 至于说基督教君主、君士坦丁大帝、狄奥多西④、查理大帝以及其他若干位君主，都因为热忱于基督信仰和宗教，让人们认为他们十分虔诚而国家大为昌盛。

因此，法兰西诸王理解并知道，一定要有好的基督徒的名声和信望，才能取得全体人民的爱戴和服从，即便他们本人并没有那么亲近或投入于对上帝的信仰和敬畏，他们也会避免做出格和应受谴责之事（至少不会常做）。这就是我们所说的法兰西国王和君主的第一道缰绳和制约。

---

①　[R]《亚历山大本纪》27.9。

②　[K]根据普鲁塔克，努马与厄革里亚结婚。参见 Livy 1.21.3, Arrian, *Anabasis of Alexander*, 4.9；5.10；7.8。

③　[R] Appianus Alexandrinus, *Romanarum historiarum*, De rebus Hispaniensibus, xix, 26；De rebus Punicis, vi.

④　[R]这里应该为狄奥多西一世（Flavius Theodosius Augustus, 约347—395），又称狄奥多西大帝，379—395 年为罗马皇帝。

第十章
司法是第二道缰绳

第二道缰绳是司法,司法在法国无疑比在世界任何其他国家都更富权威,尤其是因为法兰西王国设置了高等法院。设立高等法院主要就是为了司法,目的正是在于约束国王也许有意使用的绝对权力。从最开始,高等法院就是由地位显赫之人组成,这些人人数众多,拥有很大的势力与权力,以至于国王在分配性正义(iustice distributive)①方面总是服从于它——以至于人民即使是在对国王的民事诉讼中,也与对普通臣民一样,得到正义与理性的裁决。而在私人诉讼双方之间,国王的权威亦无法损害他人的权利;相反,他们的函令和敕答书在这样的情况下也要接受上述高等法院的审判(jugement),不仅涉及捏造事实(obreptio)和隐瞒事实(subreptio)——其他君主也是根据罗马法而这样做的——而且还

① 分配性(distributive)正义与矫正性(directive)正义的概念来自亚里士多德。根据亚里士多德,"具体的公正及其相应的行为有两类。一类是表现于荣誉、钱物或其他可析分的共同财富的分配上(这些东西一个人可能分到同等的或不同等的一份)的公正。另一类则是在私人交易中起矫正作用的公正。矫正的公正又有两种,相应于两类私人交易:出于意愿的和违反意愿的。"(《尼各马可伦理学》,廖申白译,商务印书馆 2003 年版,第 147 页)

涉及是否合乎惯制（civilité et incivilité）。① 至于刑事事务，国王的恩赦（grace）在高等法院受到充分的讨论，而那些取得恩赦之人，也受到反复问讯，以至于很少有人因为对恩赦抱有希冀而敢于作奸犯科。即便说有时候，国王武断地赐予了过于宽宏的恩典，使人们不敢通过司法继续处置某案，但是，长远看，国王也许会收回成命，而相比他们没有取得或者使用这样的恩典的情况，他们或他们的后人在这过度的恩典消逝之后，往往受到更为严厉的惩罚。这样的事，我们过去看到过，如今每天也在重演。而让司法更有威信的是，管理它的官员是终身制的，国王亦没有权力罢免他们，除非后者犯有渎职罪（forfaicture）②；如果涉及的是高等法院的成员，审理其渎职罪的初审法庭仅限于高等法院。而如果涉及的是下级法院法官渎职，案件则被上诉至高等法院。即便因为非理性的意志，这样的秩序没有得到维护，致使有法官被开除或者革职，那些始作俑者或者因此取得或占据职位的人，在此之后也受到弹劾和罢免。因此，那些法官和官员，由于知道只要不胡作非为就不会被罢免，就能更安心地秉公执法，而如果他们不这样做，则是不可饶恕的。的的确确，这道缰绳和制约在法兰西，相比在其他任何国家都要伟

---

① ［R］查理七世在著名的《近图尔蒙蒂法令》（ordonnance de Montil-lès-Tours）第66条规定："朕的王国的法官仅服从于合乎惯制和理性的函令；且朕希望他们可以提出争议和指责这些函令是否有隐瞒和捏造事实以及不合惯制之处。"这项规定的渊源又出自中世纪罗马法和教会法中对于敕答书（rescriptum）效力的相关讨论。

② 有关高等法院法官的终身制，参见 Edouard Maugis, *Histoire du Parlement de Paris, de l'avènement des rois Valois à la mort d'Henri IV. T. I: Période des rois Valois*, Paris, 1913, pp. 12–16。

大,都更值得称颂。且它维系的时间之长,以至于几乎再没人能打破它——即便这司法有可能弯曲,有可能有缺陷,就如任何人类事物一样。

第十一章
定制是第三道缰绳

　　第三道缰绳是定制,即国王本人颁布的,且之后不时得到核准和批准的若干法令。这些法令关心的是王国的维系,既关乎整体,也牵涉个体。这些法令得到如此长时间的遵守,以至于君主从来不会去废止它们;而当君主想要这样做时,人们毫不遵守他们的命令,尤其是涉及君主的王室领地和遗产之事,君主非必要不可让予,①且这需要得到最高法院(cours souveraines)即各巴列门②,以及审计院③的审核和批准。这两院对此会作十分周详的处置,而且要经历很大的阻力和讨论,以至于很少有人会去购买此类让予领地,因为他们知道,这样的交易不仅无效也没有保障,而且他们可能不得不归还他们因为让予而取得的东西。尽管对于王国的产出和收益,国王能够在其作为管理者(administrateur)的时候随意

---

　　① 公领(domaine public)不可随意让予的"王国基本法"原则在 14 世纪中叶之后逐渐成形,成为国王加冕宣誓词的一部分。参见 Guillaume Leyte, *Domaine et domanialité publique dans la France médiévale (XIIe-XVe siècles)*, Strasbourg, 1996。
　　② Parlement,即高等法院。这里为了避免文内重复,故用音译。
　　③ [R]审计院,1303 年起固定在国王宫殿的一个厅室(camera)办公,但直到 1320 年才在其人员构成、职能以及审计和司法的双重职能方面被确立成为永久性的制度。审计院审核公职人员的账目,以及涉及开支或财物让渡的行政公文。

处置,但无论如何,他的常规和非常规开支都要经过审计院的审
查;如果理由不充分的话,审计院常常会削减和约束这些开支。[①]
这条法律和法令有助于王室领地的维护,对国家有极大的好处。
而如果王室领地匮乏,那在突发战事时就不得不诉诸特别税,以至
于引发民怨民怒。也正是通过这个手段,君主喜欢挥霍的过度慷
慨受到了约束。

---

① ［K］有关审计院,参见 1500 年 3 月 20 日法令(Isambert, vol. 11, no. 46)。

第十二章
节制和制约国王绝对权力为何对
国王而言是大荣耀,有大益处

还有若干其他涉及王国公共善的法律与法令目前正得到遵守。但为了避免烦冗,我就不多赘言。我只需要说明国王的绝对权力的上述三道缰绳和约束即可。这权力并没有因此而减弱,而是变得更为高贵,因为它更为有序。而如果它越是广泛和绝对,它就会变得越糟糕、越不完美。就如同上帝的力量,并不能因为它不能作恶而被认为有所减弱,而是它会因此变得更为完美。国王虽然拥有如此大的权威和权力,但如果有意服从于自己的法律,并按照这些法律生活,相比他们任意使用绝对权力而言,是远为值得称颂和赞美的。[1] 因此,由于他们的善良和宽容,他们的君主权威因为

---

[1] [K]参见 Aristotle, Politics 3. 14. 1284^b 33 and 5. 10. 1310^a 39。John Fortescue, *De Laudibus Legum Anglie*, ed. S. Chrimes, Cambridge, 1942.

中世纪晚期有关上帝绝对权力的讨论,参见 Francis Oakley, *Omnipotence, Covenant, and Order: An Excursion in the History of Ideas from Abelard to Leibniz*, Ithaca, 1984; W. J. Courtenay, "The Dialectic of Omnipotence in the High and Late Middle Ages," in T. Rudavsky, ed., *Divine Omniscience and Omnipotence in Medieval Philosophy*, Dordrecht/Boston/Lancaster, 1984, pp. 243-269。其对西方法律思想的影响参见 Massimiliano Traversino Di Cristo, *Against the Backdrop of Sovereignty and Absolutism: The Theology of God's Power and Its Bearing on the Western Legal Tradition*, (转下页)

被上述手段所约束,具备了一定的贵族制特点,这使得它更为完满和完美,也更为牢固和持久。

（接上页）*1100－1600*，Leiden，2022。注释法学家对于"君主不受法律拘束"的理解,参见 Brian Tierney，"'The Prince Is Not Bound by the Laws.' Accursius and the Origins of the Modern State," *Comparative Studies in Society and History*，vol. 5，no. 4，1963，pp. 378－400。

第十三章
法兰西人民的三个等级及其
如何受到良好的约束和维持

除此之外，为了同样的目的，在这个王国还有另一种秩序（or-dre），另一种生活形式保障着王国各个等级的团结和一致，是值得大为称赞和维持的。因为等级制在法国根深蒂固，也持续不断，所以只要它被妥善维持，这个王国就很难陷入大的衰落，因为任何一个等级都根据自己的品质有着自己的权利与地位，且任何一个等级都不太可能压迫另一个，也不会有三个等级一起密谋反对领袖和君主的事。而在这三级会议中，我并没有将教会等级包括在内（对此我会在后面讨论）。我所说的三级和其他一些国家对人们所区分的那样，即贵族、中等人民（le peuple moyen，我们也可以称他们为富人[le peuple gras]），还有"平民"（le peuple menu）。

第十四章
贵族等级及其维持

说起第一个等级——贵族，它比在其他任何国家都受到更好的对待，对此我们是知道的。因为贵族首先对其他两个等级拥有许多重要的特权和身份地位（préeminence）。通过这种手段，贵族总是围绕在君主身边并热爱君主，乐于在一切事务上为君主效劳，为了捍卫王国、效力国王而献出财产和生命。首先说来，贵族是免于一切盐税（gabelle）、平民税（tailles）和加征税（impositions）的①，而其他两个等级都需要纳税。这是贵族的一大特权而且很好地被保留了下来。其次，所有绅士，因为他们有捍卫国王与王国的义务，可以合法地在任何地方携带武器，甚至在国王的寝宫也是如此，而我们是同时禁止其他两个等级这样做的。其三，有许多和不同的手段维持他们，让他们过高贵的生活，如果他们不想在他们的庄园上生活和定居，他们也不会去从事工匠和商人的技艺，他们是

___

① ［R］盐税是最受憎恶的一种税，由腓力六世推行（1341与1343年法令），1790年废除。它依据的不是真实的消费，而是理论上的消费。领主平民税是对全体平民征收的，根据习惯确定，是完全随意的。王室平民税起初是特别税，一直到大革命都代表了王室的"非常规"财源。由于百年战争，它从1439年起成为每年缴纳的固定的捐税，也是到1789年为止最为重要的直接税。

被禁止从事这些的。他们可以为国王服务，而国王在王宫一直都拥有大量不同职位的仆人，但不是同时任用所有人，而是一次任用四分之一。因为如果上述职位太多会造成混乱。这样规定也是为了让每个人都有时间处理自己的家事。而通过轮流服务，他们都有常规的俸禄，可以维持生活，并总是希望能取得更好的酬劳。同样，血缘亲王和其他大领主无不从国王处取得了若干职位或者俸禄，并逐级维持着其他一大批人的生计。类似的，伯爵、男爵和其他有力而富有的绅士也会根据各人能力，养活若干人。尽管在其他国家，也有类似做法，但并没有这般广泛，也没有这么大的规模。

此外，法兰西还有常备骑士（gendarmerie ordinaire）。① 这里的常备军的规模，比其他我们所知任何地方的都更大，得到更好的报酬和更好的维持。引入常备骑士既是为了捍卫王国，也是确保一直都能有充足的、惯于骑马作战的士兵，还能够维持绅士的生活。这些任务的分配原理，是让大量贵族和不同条件出身的人，即便在王国没有遇上任何战事的时期，也能够诚实地维生。大贵族根据他们的品质和美德，统率或多或少的士兵。其他人做副官，还有一些人做旗手，另外一些做重骑兵（hommes d'armes）或者弓手，而年轻的绅士则在军中担任扈从（pages）接受培养。当没有需要的时候，这些法令军士（gens d'ordonnance）的任务便被解除，他们可以有一部分时间生活在家中，一部分俸禄也就省下了。②

---

① ［R］gendarmerie 一词最初指的是聚集在 1445 年由查理七世创建的法令军团（compagnies d'ordonnance）之中的重装骑兵，区别于其他骑兵（所谓的"轻骑兵"）。重装骑兵构成了军队的核心，一直到 16 世纪初都是战场上的决定性因素。

② ［K］有关法令军士，参见 Doucet, *Les Institutions de la France*, 2：620ff.。

　　另外,在这个王国,有如此多的官职和职位可以分配给贵族们,多到令人难以置信,如地方和省、邑督辖区、管领辖区、城堡主领、城市与城堡的总管(capitaineries)以及其他许多职位,更不消说那些属于大人物的重要的终身职位,比如大司马(Connestable)、大元帅(Maréchal)、大总管(Grand-maistre)、海军上将(Admiral)和其他类似职位。[①] 国王还会给这个等级中的人们发放年金(pension),并且会根据自己的意志,将年金赐予许多在王室并没有一官半职,也不是常规任职之人。于是,这个等级总体上感到满意,他们似乎比其他两个等级得到了更好的对待。这也是理性的要求,因为他们不仅如前所述,负责捍卫王国,有更好的质料(estoffe),而且还要考虑到他们的祖先而不仅仅是他们自己的功绩和服务。

[①]　[K] Ordonnances on connétable and maréchal (undated, reign of Louis XII) and amiral, July 1517 (Isambert, vol. 11, no. 128 and vol. 12, no. 54); and cf. Doucet, *Les Institutions de la France*, 1:229ff.

第十五章
中等人民等级及其维持

但并不是说另外两个等级被遗忘或者怠慢了。因为,就第二等级也就是中等人民等级而言,它也相似地得到了很好的维持,也有理由知足,因为商人属于这个等级[1],通过其周转,他们得到了很好的维持,没有暴力也没有胁迫便可以取得巨大的财富;更兼第一等级贵族不可经商,又浮华富裕,第二等级通过商业和其他利润(proffit),从第一等级获利良多。财政(finance)之职也属于这个等级,也是很重要的,而且有很大的荣耀和利润,且其中有为数众多的不同的特质,这里无需一一细数,因为这已是尽人皆知;法兰西司法和行政(pratique)之职,尽管是另外两个等级可以担任的,但总体上大多掌握在这个中间等级的手中,无论是对于权威还是对于利润,这都是一件大事。因为在我看来,在法国,司法官员的数量(包括主要的和辅助的),如辩护人(advocatz)、代理人(procureurs)、书记员和其他类似人员,比其他整个基督教世界的都多。通过这个方式,我们所说的这个等级的人们、那些想要从事商业以

---

① [K] Ordonnance of April 1515 on privileges of Parisian bourgeoisie (Isambert, vol. 12, no. 27). 参见 *Aristotle*, *Politics*, 4.11. 1295^{b}2。

外的事业的人,得到了很有力而且体面的维持。而确实在某些第一等级的人看来,这个等级比他们得到了更好的待遇。但如果上述事宜根据每个等级得到平等维持,每个等级都应当满足于自己的等级,尤其是第一等级。如后文所述,第一等级是最为尊贵的,以至于第二等级总是努力要加入之。

第十六章
平民等级及其维持

至于第三个等级,也就是平民等级,先要预设它的职责主要在于耕作土地,从事工匠技艺及其他低级的行当。他们不宜有太多的自由,也不能过于富裕,尤其是通常不能让他们习武。因为这个等级人数众多,有获取自由和更高地位的天然欲望;看到自己在最低、最末的位置,很容易揭竿而起反抗另两个等级,而富裕且好战的他们如果叛乱起来,会消灭另外两个等级,这样的事我们在这个王国的一些地方和其他很多国家都曾看到过。在世界所有国度都有这种对人民的区分。但是,在君主制国家尤然,这是自然和政治理性的要求,就好比在人体中,需要有低等的肢体为更为尊贵和高级的肢体服务。尽管如此,如我在后面会说的,在法兰西,司法很好地维护了这个等级的自由。这个等级也能够与其他两个等级一样,去承担许多的职位,即司法和财政的小官职。同样,也可以跻身军队低层,或是从事小商小贩。

第十七章
如何从第三等级跃升至第二等级，从第二等级跃升至第一等级

最后一个等级可以凭借美德和勤奋，跃升至第二等级，而无需借助于恩赐和特权。第二等级到第一等级则不然，因为要跃升到贵族等级，必须取得君主的恩赐和特权。而当有人提出这样的要求，或者是行将为国家做某些大的贡献时，君主总是相当慷慨。此外，有正当的理由时，他也需要这样做。此举既可以维持贵族等级（它在战争期间与日减损，通常会有大量伤亡，而且还沦于贫困，以至于无法维持自身的身份），也可以给那些中间等级之人以勇气与希冀，鼓励他们通过做勇敢而艰巨之事而跃升到贵族等级。同样，此举也给了平民等级之人跃升至中间等级，再从中间等级升到第一等级的渴望。这种希冀使得每个等级都满足于自己的状态，而没有心思去谋害其他等级，因为他们都知道，通过好的合法的手段，是可以跃升的，而如果想要用其他手段达到目的，便会将自己置于危险境地。在没有从一个等级跃升至另一个等级的希冀的地方，或是在这种希冀过于渺茫的地方，那些野心过大的人就可能唆使同等级的其他人同谋反对其他两个等级。但在法兰西，跃升是

如此容易，以至于人们每天都看到有人从平民等级提升，直到贵族等级，或是升到中间等级。这样的例子不计其数。而罗马人一直都曾维持着这样的秩序。因为人们从平民等级升到骑士等级，又从骑士等级升到元老和贵族（patrice）。

第十八章
教会等级,以及它是如何
向其他三个等级开放的

在法兰西,还可以通过另一个手段取得伟大而尊贵的地位,它对所有等级都是开放的;这就是教会。因为,按照法兰西有关这一方面的生活方式,无论是在过去还是现在,凭借美德和学识,其他两个较低的等级与第一等级之人一样,都能够取得高贵的教会头衔,乃至做上枢机,有时候甚至当选教皇——这因此是让上述所有等级满足,并敦促和刺激他们力行美德与学识的另一个重要手段。因此,我一直都认为,从政治角度来说,为了这个王国的公共利益,在法兰西维持通过选举、常规晋升(provision ordinaires)以及提名任命而取得教会头衔和其他圣俸(benefices)的做法是合适的,也是极有必要的,前提是我们予以合理运用,且遵照共同法。① 因为如果我们不这样做,所有好的或者大部分圣俸就有可能落入并不称职之人的手中,或无论如何都会根据属灵和世俗君主的意志分派。

① 这里的共同法(droit commun)应当指教会法的一般性规则。有关共同法的多种语义,参见 André Gouron, "Le droit commun a-t-il été l'héritier du droit romain?" *Comptes rendus des séances de l'Académie des Inscriptions et Belles-Lettres*, 142ᵉ année, no. 1, 1998. pp. 283-292。

而君主会将这些圣俸分配给他们的熟人和家臣,以至于那些在罗马或者国王宫廷没有关系和熟人的人就很少有份。不过,我并不是说,要是我们在法兰西使用了我们所说的《国事诏书》①的法律,就不会有针对教宗权威(auctorité apostolique)的僭越和滥权,也无意下判断该法是好的、值得维持的,还是不然,因为这不是我的职责所在。但是,我说这些,如前所述,是为了王国的公共善,也是出于政治推理。我由衷希望,为了避免一切的顾虑(scrupule),能够有这样一种涉及这一方面的生活方式,它既对国王和王国而言有用且有荣耀,又能让罗马教宗满意。只要我们肯花力气,这不是什么太难的事。但我会将这个问题留到日后讨论。

---

① 《布尔日国事诏书》系查理七世于 1438 年 7 月 7 日颁布的法令。法令的主体内容取自康斯坦茨和巴塞尔两次大公会议的教令,在认可大公会议高于教宗的同时,规定高卢教会的圣俸授任(collation)采用选举制,禁止教皇对于圣俸的预留权(réservation)及收取头年俸(annate),从而限制教宗对于高卢教会的干预。1516 年,弗朗索瓦一世与列奥十世签订了《博洛尼亚教务专约》,专约废止了《国事诏书》,对圣俸授任改以国王指定教宗核准的形式。

第十九章
论三个等级的和谐与契合

　　但回到主题,上面所说一切,都是为了证明这个王国所有等级的伟大秩序与和谐,这使得王国协调而团结,是其维持和保全乃至与日俱增的原因所在。[①] 这样的事,尽管在其他某些君主制国家可以看到一二,但是没有如此完备、如此整全的。且如果某个等级出现了混乱,补救也比其他任何地方要便捷。因为如果拥有武器的贵族意欲凌辱另外两个或者某个等级,司法会去阻止和惩罚它。司法凭借君主的授权(他在必要时不会拒绝这样做)拥有权威对反叛者实施暴力,以至于再强大的诸侯或其他人都不得不服从于它。类似的,如果人数最多的平民等级想要反叛(如他们曾经做过的那样),贵族在司法的配合之下,是如此强大,而这些平民在武力上是如此弱势,所以可以被轻易整顿,重新回到他们的本职上去。于是,上述等级的任何一个,因为受到妥善的对待,有理由自我满足,所以都各在其位。而且,这也是因为他们知道,如果想要偏离自己的等级,是不可能成功的,且会将自己置于莫大的风险之下。由于有这样的手段,他们一心只想生活在良好的政治秩序中,与其他的

---

　　① ［K］参见 *Aristotle, Politics*,4.11. 1295^{b}2。

等级和谐共处，尤其还愿意服从于国王。出于上述原因，所有臣民都对他格外爱戴与尊敬：于是，他们在国王需要时，总是能迅速武装起来，并贡献出必要的税金。而在所有别的事务上，国王也得到了真心的、顺从的服从与效劳，比别的任何君主所能有的服从与效劳更好、更迅速。而且，如果出现了个别不服从之举，补救也如此迅速，如此轻易，以至于不会导致大的不便或丑闻。至此，论著的第一部分也写得差不多了，它的目的是证明，法兰西君主制度相比历史上其他任何国家或者帝国的制度都更为坚实和稳固，能够长远维系，繁荣昌盛。

第一部分终，第二部分始

第 二 部 分

第一章

通过政治秩序维持和增益法兰西
君主制所要求的事项

接下去是第二部分，这是最为难解、最为难行的部分。但这也是最为有益、最为必要的部分，即证明和阐明这个王国可能存在的错误和缺陷，并给出纠正的药方，从而让它尽可能完美而永恒，即便人类血脉以及俗世事物是脆弱而不完美的。[①] 而为了这样做，就需要有许多贤明之人的建言，他们要对世界事务（尤其是法国的事务）有长期的经验。而单单一个人，尤其是像我这样的外国人，是不合适妄加非议的。尽管如此，出于我对这个王国的公共利益的热情和责任——如我在前文所说——我斗胆就此写作一二，讲一讲我在该王国期间，以及在各地和不同时间处置重大事务时候我的理解力所得知的东西。讲述这些东西是不会造成任何损害的，而且可能在某些地方有所教益，但同时它也随时接受对之有更好的理解之人的指正。

----

① [K] *Aristotle, Politics*，5. 10. 1310^{b}39；参见 2. 12. 1373^{b}27。

第二章
国王与君主的教育与引导的
一般性原理

　　由于在君主制国家，一切都依赖于君主，那么似乎要纠正滥权、维持政治秩序的唯一手段，就是有一位善良而明智的国王或君主。这是因为国王拥有臣民完全的服从，可以毫无困难地让良好的法律、法令和习惯得到遵守和维护，纠正和废除那些无益或过于过时的，并根据权宜创制新法。此外，国王本人按照良好的定制生活，就能通过自己的垂范，引导臣民过上善的生活。而通过展现自己与那些在他手下为之负责的人一样，对公共善抱有关切和细致理解，他也就能驱使臣民走上正路。通过惩恶扬善，他能轻易做到这一点。因此，结论就是，他应当根据每个人的等级和地位，激发他们将自己展现为好人的想法与欲望，让他们害怕作恶和被认为是坏人。事实上，如果领袖和君主总是有理智、经验与审慎，还伴随着良善的初衷，就不需要别的东西了，因为这就胜过一切了。

　　但是，要找到一位充分拥有上述所有要素的君主或者其他凡人，是不可能或者是尤为困难的；而即便能找到一个具备大多

数美德的人，这些美德也很难延续到他的继承人。① 而且，这些
品质与美德在于实践与实干之中，而没有实践与实干，是无法辨
识出它们，也无法运用的。所以就有必要下降到更为特殊与具
体的说教，给出一些具体的教导，比如一国之首在各类事务中又
该如何行事。这就是从前亚里士多德为国王亚历山大所做的
事。其他许多富有学识与经验的智者也为他们那个时代的君主
这样做。而要一般性地讨论君主的状态（regime）和统治（gouver-
nement），讨论他们应该拥有的美德与条件，以及他们在所有事
务中应有的生活和处理方式，许多优秀的、著名的人物都有写
过，既有希腊语的，又有拉丁语的，而且还有法语和其他俗语的。
为之做个辑录也许是多余的，大可不必；想要为之添加点什么也
可能是鲁莽的。而且，我们也无法找到任何新的方式来讨论这
个问题，因为内容大都已经被别人写过了。有的人以论著的形
式写了，如我们方才说到的亚里士多德，色诺克拉底（Zenocrates）
也为塞浦路斯国王尼奥克勒斯（Neocles）写了论著①；后来还有光

---

　　① ［K］*Aristotle, Politics*，3.15.1289ᵇ22. 亚里士多德本人写的《劝导篇》（*Pro-
trepticus*）仅存片段（参见 Werner Jaeger, *Aristotle*, trans. R. Robinson, Oxford,
1934, chap. 4），但塞瑟尔知道伪亚里士多德的《奥秘中的奥秘》，它自称是写给亚历
山大的一封信，藏于布鲁瓦的王室图书馆；参见 Henri Omont, *Anciens Inventaires et
Catalogues de la Bibliothèque Nationale*，Paris, 1908, vol. 1. 该书出版了 1518 年纪
尧姆·珀蒂（Guillaume Petit）的书信清单（Bibliothèque Nationale, *Manuscrits*, Fonds
français, vol. 2548），其中第 106 条是"亚里士多德的历史，寄给国王亚历山大。"
　　① ［R］色诺克拉底即伊索克拉底（Isocrates，前 436—前 338），他是塞浦路斯
岛的萨拉米纳国王埃瓦格拉斯的友人。尼奥克勒斯（Nicoclès，前 395—前 353）年纪
轻轻（前 374—前 373）就继承了父亲埃瓦格拉斯的王位，他延续了其父亲的亲希腊
政策。伊索克拉底向他寄了一篇有关国王职责的演说。

荣的教会博士圣托马斯·阿奎那,罗马的吉勒以及其他许多人物。① 另一些人以历史的形式写作,如色诺芬在他的书中所做的那样,书的题目是《居鲁士的教育》(*la Pedye de Cyrus*)。书中他描述了国王居鲁士的禀赋和伟绩。这些禀赋和伟绩并非居鲁士真实具备,而是一位贤明而完美的君主所应该有的。② 还有人以演说的形式写作,如西塞罗赞扬庞培的演说词。③ 还有演说家小普利尼(Plinius)赞美皇帝图拉真的《图拉真颂》(*Panagirique*)。我们还能举出,也能在书上找到很多其他人。即使是在法语中,也有《君主的眼镜》④和其他类似的作品,它们或是散文体或是韵文体,都是不可轻视的。其他人则写了有关君主的历史,讲述他们的生平和事迹,告诉读者值得赞颂的东西,好劝说他们效仿,而谴责那些要避免和躲避的东西。瓦莱里乌斯·马克西姆斯(Valerius Maximus)还曾从他当时所了解的所有历史之中,汇聚了所有值得歌颂的美德和功绩(既有罗马人的,也有其他外国君主和大人物的),还

---

① 应该指的是阿奎那的《论王国》(*De regno*)和罗马的吉勒的《论君主统治》(*De regimine Principum*,约 1280)。

② [K]参见马基雅维利在《君主论》第 14 章推荐阅读色诺芬的作品。

③ [R]《为玛尼利乌斯法辩护》或《论格奈·庞培的指挥权》(*Pro lege Manilia ou De imperio Cn. Pompei*)是西塞罗于前 66 年发表的演说。《玛尼利乌斯法》授予庞培特权以对抗本都王国国王米特里达梯六世。

④ [R]让·梅西诺(Jean Meschinot,约 1422—1491),诗人,1442 年到 1488 年为五任布列塔尼公爵的侍从,随后成为安娜·德·布列塔尼的官邸总管(maître d'hôtel),以其大作《君主的眼镜》(*les Lunettes des princes*,1493)而闻名于世。这部拟人和说教性的论著虚构了一个梦境,采用的是将韵文与散文结合的拟人手法,取得了热烈反响。

有所有值得注意、值得谴责的恶习。①

如果一个君主有心付出努力,时常津津有味地阅读或者命人朗读这样的书,并将在书中发现的良好的教导好好思考,牢牢记在心中,他定然会变得完美无缺,而这是再好不过的教育了。但是,如我所说,由于论著繁多,所以很难记住,更由于教导和榜样太多,且人的条件是脆弱而不完美的,所以又甚为难行。尤其是身处如此高贵地位之人,如果他们是贤明而富有德行的,他们通常为重大的事务而忙碌,以至于毫无闲暇时间阅读冗长的著作;如果他们是年轻而且任性的,他们就会沉湎于美色或是其他浮华享乐之事。因此,为了只占用他们少许的时间,而不要太过让那些专注于公共事务之人分神,也是为了不要让那些根本不想听的人感到无聊,我仅限于讲述我认为对于法兰西王国的体制与统治最为必要的东西。此外,我同时也预先假定,当今法国的君主和领袖有着天然与神赐的禀赋,定然能够理解他应该做什么,也有去付诸实施的意志。鉴于他的年纪、阅历和勤奋阅读已经让他明白了足够多的东西,知道他应该做的和想要做的,以及他应该逃离和避免的。而上帝,它是一切善的依托,在它手中有着君主的心灵,当它得知其善良的意愿,便会告诉他所有对他和他的王国最有利的东西。

---

① ［R］瓦莱里乌斯·马克西姆斯(Valerius Maximus),公元 1 世纪罗马历史学家与道德家。他进入了皇帝提比略的宫廷,撰写了《善言懿行录九卷》(*Factorum dictorumque memorabilium libri* IX)。

第三章
对法兰西国王与君主的
具体教育与引导

　　为了简要说明当下对于这个王国的维持和增进看似最为必须之事,我会触及若干尤其值得注意的要点。我们在自己亲历的这个时代看到,这个王国的好与坏,繁荣或者不幸都与这些要点有关。在进而转向其他要点之前,对于这些要点,我们应该尤为关注,而不讨论别的涉及一般性的良好政治秩序的要点。就好比医生,当认识到病人身体里有导致某种疾病或者危险的倾向,首先会单独治疗那个疾病,随后才会讨论为了身体的整体健康而总体应该采取的治疗。

第四章
对于除司法以外的国家事务,君主应当拥有三种类型和形式的议事会

　　首先的当务之急是考量一个重大的事项。相比对于其他政体而言,它对于君主制是最为不可或缺的,即君主不要凭借无序而突兀的意志行事。相反,对于他的所有行动(尤其是涉及国家的行动),以及在任何重大事务上,他都应当利用议事会(conseil)。历史上最为贤明的君主无不如此。上帝甚至命令摩西要有议事会,即其人民的所有世系中最为贤明、最有名望的那些人。① 因为一个人(即使是一小撮人)再怎么完美,也不能理解和操持一个如此巨大的王国的所有事务。相反,大事繁多会妨害那些想要事事亲力亲为之人的理解力。而如果他们没有那个头脑和时间妥善和充分思考,用理性检讨那些事务,就会引来各种麻烦。他们的行事就变得草率,而没有预料之后会发生什么,所有当下需要深思熟虑的事也没有经过讨论和争论。但是,也需要注意,不能将必须保密的事项,在规模过大的集会中传达。因为,一件事如果有许多人知道,就不

----

① 《出埃及记》18:13—27。

可能不被公之于众。而召集众多人士讨论这样的事务,就必然有一部分人因为他们的等级条件或者头衔使我们无法忽略,但他们的意见通常不是最牢靠的。尽管如此,既然我们召开议事会听取建言和商议,似乎就应该遵循最为多数,最为普遍的意见,而这样的意见常常可能更为糟糕,因为在一个大会中,少数人总是最为贤明、最有经验、看得最清的。因此,在那里找到充分的手段似乎是困难的。

尽管如此,应当选择我们根据时局条件和人的品质所能够找到的手段。而在我看来,为了让所有人满意,国王和大诸侯除了常规的司法官员(如法兰西的高等法院和大法院)之外,还要有三种形式的议事会来商讨国家的事务,就如我们的救赎者耶稣基督所拥有的那般,而我们做任何事都应该尽力以他为榜样。因为,除了十二使徒之外,他首先有大议事会,也就是七十二门徒。① 他并不经常召集他们,因为他派他们前往各地传播和实施他的诫命。但是,就很多事情而言,他与全体门徒讨论,而没有召集群众一起。他的第二个议事会是十二使徒,他一般与他们交流一切重要而秘密之事。第三个议事会是上述十二人中的三人,即圣彼得、圣约翰与圣雅各,他与他们交流最为隐秘、最为神秘之事(如显圣容[transfiguration]②)。比如,在他向其父上帝祷告,从而避免他预料到近在眼前的受难的时候,他召唤他们去做最重大的工作和事务。而且,在这三个人中,他向其中一人揭示了更多的重要秘密,这人便是福音传教士(evangeliste)圣约翰。圣约翰在最后的晚餐上靠在耶稣的胸膛上。

---

① 《路加福音》10:1及17。
② 指的是耶稣带彼得、雅各和约翰上山祷告并改变形象之事。见《马太福音》17:1—9,《马可福音》9:2—9,《路加福音》9:28—36。

第五章
第一个议事会,即总议事会

因此,我认为,国王应当就王国的重大和共同事务与大议事会交流,这个议事会由各个等级的贤良而知名之人组成。他们既有来自教会的也有来自俗界的,既有穿长袍的也有穿短袍的。[①] 所谓贤良知名之人,即那些因为他们的地位、等级或者职位而具有资格之人,以法国为例,就是出入宫廷的血缘亲王、主教、达官(les chefz des offices)、内侍(chambellans)、请愿官(maistres des requetes)、王宫官(maistres d'ostels)。[②] 另外,根据事务的重要性,我们还要召集最高法院的院长,及其主要的推事(conseilliers),不出庭的高级神职(des prelatz absens),以及其他以贤明和经验著称的显赫人士。但是,召集这些日常并不出席之人,是不频繁的也不应该频繁,否则就会造成混乱和开销。相反,只有在某样不太常见的

---

① [R]邑督与管领从佩剑贵族中遴选,当时被称为"短袍"贵族,因为他们保留了军事特征。主持法庭的是总代理(lieutenant-général),总代理并不佩剑,而穿长袍,也就是法学家的服装,它取代骑士的短袍而成为高等法院的装束。总代理保留了司法与财政的属性。

② [K] Ordonnance of 13 July 1498 in *Recueil général des anciennes lois françaises*, ed. Isambert et al., Paris, 1821-33, vol. 11, no. 17. 有关议事会参见 Roland Mousnier, *Le Conseil du roi de Louis XII à la révolution*, Paris, 1970; Noël Valois, *Le Conseil du roi*, Paris, 1888。

且对于整个王国有重大影响事情发生的时候，才会这样做，比如发动新的战争和征服，创制涉及王国司法或者普遍政治秩序的一般性法律与法令，以及其他类似的情形。有时候，在这些情形下，从王国的城市和首府召集少数人商议是更便捷的。这种议事会并不能称作常规议事会（conseil ordinaire），相反，它是一个临时性集会。如前所述，它只有在情形要求的时候才被召集，但我刚才说到过的由其他那些出入宫廷的人士组成的集会，可以称之为君主的总议事会（conseil general）或者大议事会（grand conseil）。它可以更为频繁地集会，也应该如此。总议事会讨论所有重要性高、后果重大的事务（这些事务并不经常发生），或者处理某些大人物之间的争端或者其他类似的事务（这些事务虽然不必保密，但需要深思熟虑后处置）。

第六章
第二个议事会，即常规议事会

　　第二个议事会应当是常设的，一有重要和迫切的事务便当每天召开，比如战争时期；即便是在没有十分确切的事务时，一周至少也要召开三天。这是因为在一个庞大的君主制国家，一直都会有新的事物发生，而它们是需要商议的。而且，即便有时候真的天下无事，这样的集会也是一个富有荣耀的形式。而当这些人物聚集到一起，他们总能够提出一些好的点子，用于处理当前发生或者可能发生的事务。这个议事会应当由贤明而富有经验的人组成，尤其是那些对国王与王国的公共善抱有满腔热忱之人。选人方面，不应当看血统是否高贵，看官职或者头衔，而应该单纯考察能力、经验与审慎。这些美德并非与生俱来，而需要通过不断操习取得。一如既往根据美德与能力来授予官职、头衔和职务是极其必要的。如果不是这样，那么为了组建这样的议事会，就只需要寻找那些拥有这样的职位和头衔之人即可。但是，只要我们不是这样统治的，就要选贤举能，因为君主要依靠这些人的头脑，要从他们当中选出能够负重前行，引领国家的马车之人，而无需考虑其他品质，光这一点就太过紧要了。如果说人数不宜过多，那 10 人或 12

人足矣。根据我们能够找到这样的人才的数量,还可以再多一点,这既是为了避免混乱,也是因为今天,能够胜任这一职务,能够负责最为必要之事的人太少了。而且,这个议事会也必须维持这样的秩序,即没有人——除了那些代表外——可以干预这个议事会,就像没人能干预司法议事会和高等法院那样。

通常,我们也不会召集新人来提意见、来协助,除非是因为某个人恰巧有必需的能力,或者说关于某样事物,有一位不在这个议事会里的人有着比其他人都要多的了解。但是,不应该频繁,也不应该没有重大理由便这样做,否则很快就会造成混乱;而面对喋喋不休的纠缠,就不得不往这个议事会中塞满不合适的人。为了维持这一秩序,君主和君王就对它要有监督;如果他不能或者不想如此持续地关注它,则可以将这个职责交给这个议事会的领袖或者首座。此人要有相当的权威和审慎,让国王能够依靠他,且其他人因为他的美德或者官职,对他充满尊敬。尽管如此,这位国王和君主在这议事会经常现身是很有必要的,尤其是当涉及重大事务的时候。仅仅给他报告商议的结论是不够的,因为如果他不是亲自在场听取辩论,单凭这个报告,他是无法理解事件的缘由的。此外,在听取其顾问的谈话与意见的同时,他能够了解他们的智识和审慎,因此也就能知道其中哪些人他更能信赖,也更能为他服务。此外,当他们知道君主(他在场)会了解和评判他们的学识和激情,这还能敦促他们更好地思考君主的事务,让他们在工作中更为尽心尽力。

第七章
第三个议事会，即所谓的秘密议事会

除了前面这个议事会外，君主还需要从这个议事会中选出少数人组成第三个议事会。以三四人为宜，或再略多些。他们中有领袖和首座一人。他和其他人一道，都是君主认为最为贤明、最有经验、最能信赖之人。他与他们单独交流当下发生的事务，之后再将其提交常规议事会讨论。因为有可能这样的事务非常重要，更适合十分保密，所以不应该传达给如此众多的人，或是因为那个议事会中的有一部分人在其中可能有利害关系。因此，在常规议事会召开之前，君主要与这少数人讨论，听取他们的意见。① 这些人我们不妨称为秘密议事会。那些事务之所以要被讨论，既是出于上述原因，也是为了让这位君主（在听取这项事务，以及这个小议事会［conseil estroit］的人士所初步下的判断之后）更好地理解之后将会由常规议事会讨论的事务，并更知道要说些什么。此外，在这个常规议事会得出结论之后，还需要单独征求这个秘密议事会的意见，因为常规议事会的多数所提出的事项，未必是最好的。这样的话，当君主听取了意见，并在之前知道秘密议事会的意见与之不

---

① ［K］参见 Aristotle, *Politics*, 3. 16. 1287^{b}8。

同（或者他本人怀疑这个共同意见并不是最为妥当的），就不应该盖棺定论，而是应予以保留，作更好的思考。而之后，在与秘密议事会讨论之后，如果他发现采纳常规议事会的共同意见并不合适，就应该再次召开集会。他无需谴责他们的意见（如果没有十分明显的原因），而是告诉他们不予采纳的理由；或者，如果这件事需要十分保密，他可以不告知他们就作实施。但不遵循大多数的意见的做法不应频繁，也不能没有重大而显著的原因，因为这可能会带来麻烦。当常规议事会的人们发现自己处处受制于人，便有充足的理由对此感到不快，于是会丧失妥善建言之心。因此，对于上述几个议事会，君主要十分注意不要厚此薄彼。

第八章
君主应当赋予其重要仆人的
权威与声望

　　对于君主而言,重中之重是对任何人授予信任和权威都要小心谨慎,以免其他人在反对他的意见、为自己的行为争辩时丝毫不会有担忧和危险。因为他这样做也就是服从于他的仆人,并让他的仆人没了顾忌,做一些为个人利益服务、可能损害到君主和国家的事。不论他的那位仆人有多么贤明和审慎,一旦拥有如此大的权威,就很难保持公平,并完全根据理性利用这一权威。但是,同样,当君主通过漫长的经验,了解了他的某位仆人的智识、美德与审慎,他也不应该轻率地信任他人与他意见向左之事,也不要轻易听信诽谤者(detracteur)。相反,当有人向他汇报某样事务,作了不利于其所信任的某个人的报告,他当警告对他作如此报告之人。如果君主发现这人所说的有失真实,他会受到应得的惩罚。此外,也要考虑人们所指责之人的品质,以及指控之人的品质,他这样做的动机,事实的情况与性质。而在都考量过所有一切后,如果看不到任何明显迹象,应当严厉驱逐和谴责揭发者。并将指控告知该人,但不向他指明揭发者,看他如何为自己辩护。而如果这件事对于他的人格或者他的地位是重要的,那么就应该多留心眼,但不向受到指控之人展露不信任。但是,如果指控有若干迹象,且指控者愿意为之提供证据,就不应该驱逐他,而是应该接纳他,让他证明自己的指控。否则的话,就无异于对所有为了君主的利益或者其人身和国家的安全而想要警告君主的人关闭了进言的大门。同样,如果过于轻易相信这些揭发者,那就会让坏人有机可乘,以此营生。对任何指控者都侧耳倾听也会是不审慎之举。对于这件事,应该和其他所有事情那样,尽可能保持中庸之道(mediocrité)。君主在展现对于那些操持其主要事务之人抱有信任的同时,不能让他们过于自信满满,以至于不会一直担心,如果他们犯了错误,会被发现和惩罚,而无论其有多大程度的权威。尤其是不能倚重单独某一个人。

不过,我并不是说,君主不能有某个他最为熟悉而亲密的人,就像对他自己一样,私下与此人分享其细小家庭事务以及私密事务,这些事务不涉及国家。甚至与国家有关的事务也可以分享,因为如果他不能这样做,他很大的幸福就相当于被剥夺了。但是,在重大事务上仅仅倚靠一个人的智慧是十分危险的,尤其是有关国家的事务。这是因为找到一个能够精通王国所有事务的人是不可能或者是极其困难的。而只要他越是明智,只要没有被对权威的贪婪所遮蔽,他就越不愿意担此重任。出于这个理由,可以得知,君主如果想要靠自己的智慧去领导这些事务,是更为糟糕的。由此我的结论是,任何有关其国家之事,即便再保密,也应该要与若干最为私密、最为值得信赖的仆人沟通。因为对于某样重要事情(尤其是本不应该保密之事)完全守口如瓶,可能比过于公开这一事情招致更多的谴责和损害。而且，在任何涉及国家之事上，他都不应该向任何在世之人展现出如此的坦率和慷慨，乃至向他许诺不与其他任何人交流此事。因为他这样做会给许多奸邪小人以勇气和机会，向他吹耳边风，让他无故陷入很大的担忧，或是陷入于幻想，而这幻想会让他走向耻辱和损害。但是，他应当十分了解和熟悉他选择出来作为其最为隐秘的仆人的人，这样他便可以与他们交谈，就如与他自己交谈一样。因为有许多重大的事务因没有秘密地处理而失败，也有许多好的意见因担心被人发现而未能得到执行。

第九章
为何议事会应保密，以及
君主应当采取的保密手段

　　事实上，一个议事会（尤其是人数较少的议事会）的头等大事即是保密。而为了做到保密，除了让所有顾问在入会时宣誓不披露议事会将会讨论的事务之外，君主应当时常让他的顾问对他们的誓言记忆犹新，尤其是涉及具有很大重要性、不可泄露的事务。而当他得到警告称这些事宜已经被其他人所知，则应当尽力查清原委。而在查清之后，要严惩肇事者，好让那个无视誓言的人成为其他人的儆戒。尤其是当这件（放入讨论的）事，如果其结论被人知晓，可能会妨碍其实施的（比如战争），则君主和领袖在获悉所有人的意见之后，大可以也应该将结论保留于自己。而在根据最为明智的意见执行了此事之后，如果他担忧有人不会守口如瓶的话，也无需告诉任何人。但是，我认为，将其与两三个最为值得信任的人交流总不失为最为稳妥的办法。尤其是如果君主觉得自己对所涉事务经验不足的话。而就这样的事务而言，与其说过于自负和相信自己的学识，不如更谦虚谨慎一些为好。这实际上就是在我看来在涉及议事会这个部分的本章应该说的内容。而这个部分我认为是最主要也最必要的。因为，如果这个问题得到很好的处置和维持，一位如此强大的君主所统治的国家就不可能陷入险境，也不会遇到如此艰险以至于无法轻易防备和克服的事。只要遵循上述流程，就不太可能出现没有遇见过的重大情况；其克服手段也已准备好。这样的话，君主和那些负责其事务的人能够泰然自若地应对，而不惊扰臣民，增添他们的负担。而如果他们对于重大事务，由于没有及时预见和防备，只能草草、混乱处置，惊扰臣民的事是必然会发生的。

第十章
为了王国的维系与增益,法兰西国王与君主应当尤为关注的一些具体事宜

尽管我之前所说的东西,对于管理任何君主制国家来说都是足够的了,但如果要维护得好,而不要沦为平庸——更考虑到最为贤明最有经验之人,总是努力学习;且他们知道得越多,就对一切有更大的疑问——就要更进一步,就法兰西君主以及负责其事务之人为了维系和增益国家所必须坚持的手段枚举一二。对此我将分两个部分,一个部分涉及王国内部的政治秩序,另一个部分涉及外部的安全。就第一个部分,我想引用一句格言,即所有自然事物,都凭借创造和引发它们的相同的原因和手段而得到维持。① 因此,认真思考我在这本论著的开头所说的,讨论过去这个君主国成立、维系和增益所凭借的形式与手段的部分,通过坚持相同的手段,就能轻而易举地维系它,不断增益它。但是,考虑到就实践而言,有一些要点在之前未得到妥善的实施,是应当被更深入具体理解的。所以,对于这些要点,我将会具体讨论,但我会一直用一般性的话来说。

---

① ［K］*Aristotle, Politics*,5.8. 1307^{b}25。

第十一章
国王应该如何维持约束
绝对权力的三道缰绳

首先讨论我前文说过的三道缰绳。通过这三道缰绳,君主的绝对权力(当违背理性地使用的时候,被称为暴政)受到约束,并合乎惯制。这样的绝对权力也被誉为是正当的、可以忍受的、贵族式的。我再次重申,国王能做的最让上帝愉快、最让臣民高兴、最对他们有利、对于自己本人最为荣耀、最值得赞美的事,莫过于维持上述三样东西,凭借它们,他取得了好国王(bon Roy)的名号,还有笃信王(treschrestien)、人民之父(pere du peuple)[①]、备受爱戴(bien aymé)等一位勇敢而荣耀的君主所能取得的全部头衔。而相反,一旦他抛开了这三道约束,想要使用专断意志,他就会落得邪恶、暴君、残忍和难以忍受之名,并因此受到上帝及其臣民的憎恨。

----

① [K]"人民之父"是路易十二于 1506 年 5 月取得的头衔(Isambert, vol. 11, p. 449)。

有关这个概念在中世纪晚期的发展历程及其与三级会议的关系,参见 Martin Gosman, *Les sujets du père, les Rois de France face aux représentants du peuple dans les assemblées de notables et les états généraux, 1302–1615*, Paris, 2007。——译者

第十二章
有关宗教的事宜

由于就一切事物而言,开端总是来自上帝,终结也是由上帝所定,所以所有好国王、好君主都应该把宗教放在第一位,放在所有事物之上。且法兰西国王要比其他任何人更甚,这既是出于我前文所说的理由,也是因为他比地上任何君主都更坚信上帝。他知道,他从上帝处领受了这个王国,而这个王国被誉为是最为高贵、最为强大、最为完美、所有事物都最为完备的。对此我已经在别的某部论著中用诸多显而易见的理由证明了[1],这里我无意重复。而此外,由于其先王已经凭借圣洁而富有美德的业绩,凭借他们一贯对基督宗教展现的热忱,而取得了笃信王的名号,与先王背道而驰是要受到莫大谴责的。他会清楚意识到自己被上帝抛弃,并可以预见到上帝会给他严重的惩罚。更何况,上帝除了赐予他上述的世俗财产与荣耀之外,还赋予了他属灵的恩宠,即治愈瘰疬病的能力。[2] 而就我们所知,无论是教皇,高级神职还是别的君主都没

---

[1] [R]参见《路易十二颂》结尾处几页(*Les Louanges du Roy Louys XIIe de ce nom*,ed. P. Eichel-Lojkine et L. Vissière,Genève,Droz,2009,p. 252-259)。

[2] 参见 Jean Ferrault, *Insignia pecularia christianissimi Francorum regni, numero viginti*,Paris,1509,其中第二条国王特权。

有因为他们的头衔而具备这样的能力。而当他想要使用这种能力，并让自己处于上帝恩宠状态的时候，他应当尤为感激上帝；且除此之外，行这如此尊贵、无与伦比的神迹，要带着彻底的谦卑与虔诚，祈求上帝不要看他的罪孽，而是看其祖先的功绩。而在行了这神迹之后，要虔诚地感谢上帝，而且还要经常使用，尤其是当他看到病人的追随和需要的时候。

另外，他还要尽全力让基督教信仰在他的王国得到妥善而完整的保护，谴责乃至根除一切异端邪说；上帝，还有我们救世主耶稣基督，以及荣耀贞母玛利亚，还有他的神圣使徒、殉道者、拥护者和贞女们的名号得到赞美，得到应有的称颂，丝毫不受亵渎和贬损，而不能像现在王国盛行的那样，因为这是王国的一大丑闻。①对此，国王如果想要在此世繁荣，并在彼世统治的话，应该颁布严厉的条例，让所有人都停止和废弃这一糟糕而可憎的恶习——它对于上帝来说如此不悦，而且对于被其污染的人来说也没有好处和愉悦可言。最后，应当对神圣使徒宗座抱有突出的敬重和尊崇，并在任何合理的事情上帮助和支持他。因为通过这样做，法兰西的国王取得了"笃信王"的称号，以及许多高贵的荣耀和头衔。而他们只要坚持这样做，法国就会一直繁荣昌盛。此外，还要注意遵守他在加冕礼上的宣誓②，维持王国教会的自由，并保障教会得到

---

① 路易九世（圣路易）也许是第一位明确将惩戒亵渎神明之言作为国王职责的国王。而更接近塞瑟尔写作时间的，是路易十二于 1510 年 3 月 9 日颁布的"反亵渎神明法令"（Isambert, vol. ii, pp. 569-72）。

② [K]加冕誓词见 Isambert, supp. vol. (1875)；参见 Roger Doucet, *Les Institutions de la France au XVIe siècle*, Paris, 1948, 2: 87ff.; Percy Ernst Schramm, *Der König von Frankreich*, Weimar, 1939, 1: 258, 263。

妥善的服侍,无论是俗间的还是修道院的高级神职和教会人士,都过上应有的生活,各就其位;而如果教会陷入混乱,他有义务用上级的权威纠正,而他也属于上级之一。

简而言之,通过上述所说的事宜以及外在的虔诚行为,尽其对上帝的职责,向人民展现其善意——这是对所有君主而言都是适宜且必要的,对于被称为最为虔诚、教会长子的法国国王而言尤然。因为这样的人物,还有王后和高级神职,他们的生活都是榜样性质的。仅仅是在心中有很大的热情并不足够,而是要让他们的行为之光芒照亮那些他们所统治的人,因为无论就属灵还是世俗的品行而言,每个人都很容易去效法君主。

第十三章
君主应该如何对待高级神职，
在其晋升上又该如何做

现在我要讲的是在法国和其他国家都没有很好遵守的一个要点，即任何国王与君主，无论其多么伟大，都应该（在保持其威严的同时）尊奉教会人士；尤其是在一切属灵事务上，要对管理圣事、保有使徒地位的高级神职如此相待。尽管由于某些高级神职与教会人士的缺陷与丑闻性的品行，导致与此相反的滥权行为出现和实施，但是也不应因此而减少对高级神职的头衔的尊重，这与国王的头衔（dignité）不会因为国王的恶行而受到减损是同理的。① 这是因为这样的事有多方面原因，而君主也涉及其中，因为通常是他们将不合格的人晋升到那个位置上的，所以他们也就难辞其咎。而在这些人上位之后，他们所负责的可怜的灵魂蒙受苦难，整个教会秩序以及俗界人民都因此而被带入歧途。将他们晋升上去的君主也是如此，他们做这样的事冒犯了上帝，导致今天人们也对他们没有从前那么尊敬了。而就如君主对于那些服务于他们人身或财产

---

① ［K]有关"头衔（或公职）不死"，参见 Ernst Kantorowicz, *The King's Two Bodies*, Princeton, 1957, p. 383。

的人,乃至为了他们的欢愉之事,总是去寻找那个行当最好、最有经验的人:例如厨师、裁缝、理发师、马官、鹰犬师和其他类似人员;同样,为了保护他们的身体,还有为了战争事宜,为了获取或者保护领土,他们寻找最能干、最优秀的弓箭手。高级神职主管上帝用自己珍贵的血液所赎买的灵魂之得救,并用此世一切来拯救他们。所以在选择高级神职的时候也应该如此。但是,这些职位却被委以这样的人,他们非但没有指明通往天国的道路,反而指明了通往地狱的道路;或者,即便他们没有邪恶的生活,没有给出邪恶的榜样,却没有履行他们的职责所需的理智与学识——这样的话他要怎样向救世主交代? 无疑,如果我们是基督徒,如果我们相信福音和神圣经文,就必然会认同,这是我们对这个世界制造的最大的创痕(playe)。更何况,由此又产生了教会的一切弊病,因为这些高级神职让教士和本堂神甫同流合污。教会的财产,本应用于行善,却被花在了尘世的与邪恶的用途之中。而更恶劣的是,上帝的律法和信仰也受到了嘲笑。

第十四章
今日高级神职的滥权及其改革手段[①]

尽管我自觉是最为不堪之人中的一员，我并不想对这些滥权行为避而不谈。因为问题并不在于撤回已经做下的事，也不在于罢免那些罪过确凿之人，而只在于让他们尽可能地专注于他们的使命，并消除丑闻。此外，还要在未来对此抱有关切，并去体察其中生发的大的弊端。问题涉及的不仅仅是我刚才所说的不堪的高级神职，而且还有普世教会的层面，因为那些负有捍卫和改革教会的使命的人中，很少有懂得和想要这样做的，也很少有人懂得和想要参加大公会议，或是在教会的主要领袖前亮相，并用合适的方式劝诫之。因为如果能有几个这样的人，即便数量并不多，他们拥有这样做的热忱、学识、威望与美德，就无疑可以让事情大为改观，因为真理只要得到很好的展现和支持，总是更为强大的；且上帝作为最高的真理，会帮助那些坚持真理的人，对此我们已在过去和新鲜的经验中多有看到。这个问题我不会再说下去，因为我知道我说的是在针对我自己。但我还是要说，真理有这样的品质，即那些用

---

① 本章标题为印刷本所加。

他们的行为否定它的人，也不得不承认它，认同它；如果不是嘴上承认，他们至少会私底下在他们的良知当中承认。

因此，鉴于我的缺陷，还有许多其他人的缺陷，鉴于我至今为止在职务上尽的职责甚少（尽管我本可以，也知道应该做些什么），我有必要效法这个等级的其他许多人，坦诚我的过失、我的错误，还有其他人的。而坦率说来，我认为教会的最大问题在于，高级神职并不定居于他们的主教辖区。相反，（通常是野心使然）他们不遗余力追附教会或世俗宫廷。而根据我的能力，我所能做的补救，就是尽可能留守自己的主教辖区。我祈求上帝给予我，以及所有拥有类似职位之人实现这一职责的恩赐；此外，愿上帝将其放入那些拥有改革教会之权的人的心中，让他们听取它，并有效地努力。且此规定由我开始履行。而当笃信王对此有很大的热情，且此事由好的大臣领衔，那更会让此事速见成效：因为会有许多其他人来助力。且我们要相信，余下的事上帝会为我们做好。

这是今天我们能做的最有功德、最值得赞颂的事。且王国的公共善会尤其获益，整个普通基督教世界亦然，不仅是属灵的善，而且还有世俗的善都会得到增进。因为，当那些应当是在上帝面前为人民求情、平息其怒火，祈求其恩赐的人，如果他们的生活和榜样变得更好，令上帝更为高兴，那他们的祷告和祈祷也必定会对灵魂得救更为有效。这样，俗世之人（les mondains）得以为他们的生活补过。他们还会求得世俗事务的和平与繁荣，上帝的若干惩罚与鞭策也会因此停息——无论是疫病还是战争，还是不育，还是其他上帝派来惩罚我们的罪孽之事。所有省份都会留有大量的金钱，尤其是留在这个王国内，而这些钱，由于我们的神职人员的野心以及罗马教廷的贪婪，现在都流向并留在了罗马。不过，我并不是想说，在罗马教廷和其他君主（尤其是大君主）的宫廷，有神职人员为他们建言献策，帮助他们处置他们国家的事务，行良善的司法，维护教会自由是没有必要的。而上帝希望有许多这样的人，有着满腔热忱和丰富的学识去这样做，且希望人们赋予他们较大的权威。因为这会为整个国家带来莫大的益处，无论是对于属灵还是世俗事务。而那些出于这个意图而出入宫廷的人有很大的功劳，只要在必要时他们委派代官（alternative）履行他们对自己教会的职责。但我之前说的，是那些贪图财富和荣耀而追随君主宫廷的人，他们在那里没有做大的贡献，反而是制造了丑闻，而我身在其中已经很久了。法兰西国王绝对权力的这第一道缰绳是最首要的，国王不仅要温柔地忍受和衔住，而且还要用自己的力量去增强它，因为通过这道缰绳，属灵和世俗的一切财富、一切荣耀都向他们而来。

第十五章
总体而言国王对司法应有的关切

　　国王也应当妥善维护好第二道缰绳，也就是司法。因为正是司法让君主统治和主宰；没有司法，王国便会成为匪帮。① 而既然上帝对这个最为虔诚的王国做了如此多的恩赐，通过良善的法律以及自古以来长期恪守的服从，赐予了它以最有威信、最为正直的方式使用这一司法的手段（这是在其他任何王国都没有的），因此，君主和臣民应当努力维持并巩固它。因为对于这个王国来说，这是仅次于宗教（前面我已经讨论过）的最重要、最宝贵的宝藏。凭借司法，这个王国比其他国家都要声名远扬，更得到尊重、维护和增益。而由于君主是由神意选派到这个如此伟大、如此荣耀的头衔上的，维护和行使司法是君主真正职责所在，所以君主就更应当去维持它，保护它。而最与其对上帝和其人民的职责相抵触的，莫过于违背它，腐败它，妨碍它。而就如他手下的官员如果没有尽力履行职责，则配不上他们的俸禄，凭良心应当退还那样，渎职的高级神职也应是如此。因此，不尽力管理司法的君主也是如此。

---

　　① ［K］Augustine，*City of God*（trans. M. Dods）4. 4："Without justice what are realms but great robber bands?"

　　司法是至关重要之事，考量时需要关注到上帝与良知，而对于这两者，人们应该有首要的关切。① 而且，对于此世以及王国的普遍善，还有国王个人的善而言，司法是国王权威真正的支撑和支柱。因为通过司法，君主受到所有人无差别的服从，而如果他仅仅使用武力，他就必须在王国的每个角落拥有军队。但即便这样，暴力的力量也不会胜过正义：因为人们天然抵抗暴力，而十分易于服从法官，这是我们凭借经验每天都曾看过和看到的，无论是在这个王国还是其他国家。而正是通过司法手段，这个王国的三个等级得以保持相互的和谐，相互的爱戴，并自发服从于君主，就如我之前所说的那样。此外，得益于正义这一大宝藏，这个王国受到了所有人的赞美和颂扬，因此，君主应当妥善学习如何维持和增进它。

---

① 《罗马书》2：1—2；《历代志下》19：6。

第十六章
国王对于司法应当注意的三桩要事

尽管就司法我们可以举出很多适宜而必要之事的例子，尤其是在讨论司法中可能存在的缺陷和滥用的时候（此世一切不完美事物都是如此）。但是，我仅仅会讨论其中与国王关系尤大、相比他人而言他更要去做的三桩：即他应当派胜任和充足的人去行使司法。又由于他没有鉴别他们是否拥有充分和合适的学识，他应当将这一任务交给这样的人，他们遵守有关遴选事宜的法令，对此向国王作妥善而诚实的汇报。此外，还要警示掌玺大臣及其他官员（他们因为自己的官职而需要管理司法），让他们根据上帝和他们的良心来处置，并警告他们。如果事后他们的过失被发现，他们会被追究，而一旦发现自己被欺骗，也要切实进行追究。无疑，他如果这样做，法兰西的司法不会是糟糕的，因为法兰西有如此多良善的法律、习惯与法令，只需要好的大臣来妥善维护和遵守它们，一心只想着公共善即可。而相反，如果那些有责任管理司法的人主要想的是从中牟利，或者出于野心而结党营私，而没有做应该做的事，甚或是没有这样做的理智和充分的学识，它们就成了王国的火或者毒药。因为冗长的诉讼随之而来，还有不必要的花费以及各种掠夺行为——在任何一个由腐败的司法所统治的国家都有这些令人惊叹的苛捐杂税。而如果所有其他臣民的生命、荣誉与才能（vaillant）都掌握在司法人员手中，事情就更危险了。他们在法兰西就有这样的权力。他们打着审理占有诉讼的幌子，任命和解任、安排和去除大大小小的高级神职，且通常阻断上诉门路。①

　　因此，由于如前所说，君主应当管理司法，如果他明知自己在司法上安排的人是糟糕的、不胜任的，他就要对各种过失和劫掠负责，就如任何一位其他的官员要为自己的代理的行为负责，商人要为自己的办事员的行为负责那样。所以，如果他的眼前还有上帝，他就应当对此尤为关切。为了让司法井然有序，除了上述手段外，由于这些官职并不经常会空缺，而要罢黜在位者需要经过详细的审查，所以，君主应当善用言语和劝勉，时常警告司法人员（尤其是高等法院的）自己对他们的不满，并私下告诫他们去将功补过、恪尽职守，让那些现在在位和以后将要在位的人坚持正道的做法也许会有很大助益。而如果查明某人有过失，那人将受到严厉的惩罚。此外，提拔有好名声之人，优先给予他们荣誉职位，并奖励他

---

　　①　有关占有诉讼和本权诉讼，除了译者序言中的说明外，另可参见《法国民事诉讼法典》第 25 条及《法国民法典》第 1382—1384 条。在中世纪晚期与近代早期，高等法院认为，圣俸权利本身的有效性并不属于它的管辖范围，但由于圣俸本身带有世俗财产的组成部分，高等法院对于这部分的争议有管辖权。这种干预活动也许始于美男子腓力的时代，1398 年“撤回服从”之后越发活跃，随即产生了“国王案件”（les cas royaux）的概念。在一定程度上，15 世纪中叶形成的滥权上诉（appel comme d'abus）也是基于相似的理由：高等法院虽然在教会诉讼中无法作法律上的审理，但可以就事实（即是否涉及滥权）进行判定。参见 Ferdinand Lot et Robert Fawtier, *Histoire des institutions françaises au Moyen Age. Tome III-Institutions ecclésisitiques*, Paris, 1962, pp. 434-436 et pp. 458-459。

们和他们的子女也是有益的。因为这无疑会导致人们比其他任何东西都更为害怕邪恶之人,而尤为希冀好人。尤其重要的是,在分派那些官职的时候,君主应当注意不要有钱转手——在并非出身法律职业但在宫廷蒙受青睐之人的请求下常会如此。[①] 因此,君主如果确切知道他们不是由好的热情所推动,就不应该听从这样的请求者。而当这样的官职空缺的时候,他最好向那些负责司法之人(我已经讲到过他们了)秘密询问,有什么人胜任这样的职位,并随后任命他们,而无需像之前几次那样,照顾他们的请求。因为通过这样做,一切腐败和恶习都会停止。而得到晋升的人也只会对国王负责。如果不这样做,就必然会有钱在转手,或至少,得到晋升之人对那些他取得官职所依靠的人负有义务,随后司法中就会产生诸多弊端,这在这个王国是十分显而易见的,而对此我不会继续讲述。

此外,君主尤为需要注意的,是不要因为感情或者爱而在司法中支持任何一方,也不能庇护任何一方,且事实上,不应该就涉及司法的事宜,以任何方式表达其对任何在世之人的个人意图。因为他的权威如此巨大,人的美德如此渺小,君主所作的嘱托和情感流露,势必会影响法官的看法,即便这些法官是善良之人,而君主用一般性的话表示他只坚持正义;尤其是在疑难案件以及最高法院的案件中,由于更多根据衡平(equité)而非共同和

---

① [K]有关买官制,参见 1498 年 3 月和 1508 年 10 月 20 日的法令(Isambert, vol. nos. 26 and 85 and pt. 1, n. 32.)。

成文理性裁判①，不需要多少力气就会让法官倾向于某种观点——这常常就是产生重大弊害的原因。而通过注意上述所说事宜，君主除了能给上帝交代之外，还能让自己置身事外，因为如果他习惯于插手司法程序与事务，人们就会频繁要他这样做，让他蒙受巨大的劳碌和纠缠。这主要说的是民事案件，尽管如此，也适用于刑事案件，因为在这些案件中（除了我上面说过的之外），是极为需要关切的，且对于赐予恩赦，君主要展现得艰难而且苛刻（尤其是对恶性且令人憎恶的案件），好让人们知道，他憎恶他们并希望他们受到惩罚。而为了这样做，当有人向他为这样的罪犯求情却没有很重大的原因，就应当斥责那些人。这样一来，他便打压了恶人的勇气，让所有臣民都心生畏惧；而如果他的宽恕和赦免显得过于轻易，就会有很多人有意为恶。②

---

①　在中世纪晚期到塞瑟尔所处时代通行的法学观念中，"法官应当根据所陈与所证裁决，而非根据私人的知识"（Judex debet judicare secundum allegata et probata non secundum conscientia）。而作为王国"最高法院"（curia suprema）的高等法院则无需根据严格遵循法律与法定程序，而是根据"良知与衡平"裁决。15 世纪末居伊·帕普（Guy Pape）和纪尧姆·伯努瓦（Guillaume Benoît，1455—1516）以来的法国法学家将其作为高等法院的一大特权。Jean-Marie Carbasse，"Le juge entre la loi et la justice: approches médiévales," Jean-Marie Carbasse, éd., *La Conscience du juge dans la tradition juridique européenne*, Paris, 1999, pp. 67‑94; Patrick Arabeyre, *Les idées politiques à Toulouse à la veille de la Réforme: Recherches autour de l'œuvre de Guillaume Benoît (1455‑1516)*, Toulouse, 2003; Charles de Grassailles, *Regalium Franciæ libri duo*, Paris, 1545, p. 118‑119; Pierre Rebuffe, *Tractatus concordatorum quae inter sanctiss. D. nostrum Papam leonem X. et sedem apostolicam, ac christianissimum D. nostrum regem franciscum et regnum sunt edita*, Cologne, 1610, fol. 767.

②　这也许呼应了中世纪晚期法国"严刑峻法"的呼声。参见克里斯汀·德·皮桑在《和平之书》中的表述："坏人就不敢迫害好人，因为他们清楚地知道，你公正的司法会惩罚他们……当每个人都知道你会惩罚坏人，就没有人会有做坏人的意愿。" Christine de Pisan, *Le Livre de la paix*, La Haye, 1958, p. 95。

　　对于司法的这个方面,尽管还有很多可以说,但我不会再多作赘述。最后要说的是,法兰西国王与君主应当采取所有善良且关照王国利益和消除弊害之人向他进谏的手段,从而让王国的司法变得简便易行。因为在这个王国,各个等级都有许多人因为诉讼之冗长而沦为贫困。而许多有正当权利的人,却由于害怕无法承担费用也无法对抗偏袒,故而放弃了追诉。这就是有关司法的第二个要点。

第十七章
总体上国王对王国定制
应该拥有的关心与关切

第三点是定制。由于之后我将说到的所有东西都与之有关，我这里仅想说，国王与君主既然知道正是凭借有关定制的法兰西法律、法令以及可赞的习惯，王国才得以达到我们今日所见如此的荣耀、伟大和强大，并维持和平、繁荣与声望，他就应当尽可能地让这些法律与习惯得到维护和遵守，更何况他在加冕之时还宣誓要这样做。因此，如果他不这样做，他就冒犯了上帝，损害了自己的良心，并引来其人民的仇恨和敌视。此外，这还会削弱国力，并因此削减他的荣耀与声名，而就这一点而言，尤为重要的是要格外小心不要让渡自己的领地，除非是法律与法令允许的情形。因为如果轻易让渡，不仅会导致上述弊害，而且还会为无休止的纠缠打开大门。一旦他对某人开了先例，他就会被其他许多人施压，因为他们认为自己比那人更配得上国王的让渡。而如果国王拒绝这样做，就会让他们懊恼，并在好的仆人中滋生嫉妒。而只要他关起门来，宣布不想也不能染指此事，那就没人有原因感到不快，君主也不会受到纠缠。而为了说完有关定制（这是最难梳理的）的这一章,还需要说第二点,这在第一部分已经有所涉及,即这个法兰西君主制之维系。而法兰西君主制得以维系的原因,在于所有等级的臣民都保持和谐,每个等级都感到满意。既然根据我们的经验,这是这个王国得以维系和得到增益的最主要原因,所以,维系它、防范它不要陷入分裂和争执就十分必要。因为如我之前所说,这很容易导致君主制的毁灭,导致神秘体的瓦解。而为了不要走入这种困厄,就只有让每个等级的自由、特权以及可赞的习惯得到维系。国王要善于统御全体等级,不让任何一个等级过于压制别的等级,也不能让所有三个等级联合对抗领袖和君主。但这样的事情,通过实践比通过理论更容易明白,又根据过去的经验我们还知道一些要点,它们曾导致过这个王国破裂或者带来巨大困扰,所以我将讨论这些要点,但不会过于具体,而仅仅是根据说明所需。

第十八章
总体上国王应如何维持贵族等级

　　首先,就贵族等级而言(它在任何地方都是第一位的),国王与君主维持它、爱护它是十分必要的:不仅仅要保护它的权力与地位,而且还要向这个等级的所有人表示,他对他们尤为喜爱和尊重,并对他们信赖有加,因此希望他们蒸蒸日上。这也是理性的要求,因为实际上,是他们做下了高贵而可赞的事迹,使得这个王国在最初得以确立,随后得到增益和保全。贵族等级一直以来守卫着这个王国,一直都准备好为了捍卫它而献出生命。顺理成章,由于他们得到更好的对待,并比其他人处在更高、更荣耀的地位,他们对君主的爱戴和尊重比任何人都多。此外,由于他们是贵族出身,按照贵族的习性生养,这让他们比其他任何人都不会去做粗鄙(vilaine)而懦弱(lasche)之事。

　　总体而言,就荣耀而有利的事物而言,我认为我们总是应该让这个等级的人优先,虽然这是所有等级都可以去做的,比如圣俸以及司法职位。也就是说,如果他们同样胜任,甚或是另外一个等级的人有些许优势,但圣俸或者官职所要求的品质是贵族人选也充分拥有的,就优先选择他们。根据一切神圣与人间法律,这种贵族

特质应当在现世的物质上——无论是教会的还是世俗的——得到
些许优待。但是,如果贵族人选并不胜任,就切不可考虑这样的
事,因为可能由此会引来一切我在上面提过的麻烦,也会反过来伤
及这个等级。这是因为,如果君主并不考虑人的美德与功劳,而仅
仅考虑出身和喜爱,这个等级对学识和美德的操习必然会衰落,所
有人都会仅仅努力获取喜爱,因为他们看到,只有通过这个手段才
能获取财富。而只要相比贵族身份,君主更关注美德和胜任与否,
那么每个人都会努力让自己取得富有美德、胜任此职的名声。这
不仅适用于所有等级都可以获得的圣俸和官职,也适用于那些仅
限于贵族等级之人的圣俸和官职(尤其是军队中的)。因为在贵族
之间,需要区分出身、美德以及功劳的高低。在取决于君主纯粹而
自由的意志与处置的事情上,如果两人的出身有显著不同,君主应
当总是青睐更有美德者(尤其是十分出众者),但此外也要保护好
两人各自的尊严和特权。

第十九章
君主在保持贵族等级的显赫地位时，
应如何防止它过于傲慢

　　但是，君主也要注意不要给贵族这个等级过多的权威、权力与自由，以免它压制或者侮辱其他两个或某个等级，或是蔑视君主，因为那样会造成极大的失序。这样的事我们在这王国曾多次看到。① 而要做到这一点，首先就要对所有臣民（无论其头衔、等级与条件）保持其统治权（souveraineté）和尊贵地位（prééminence），不让其丢失或者被篡夺，从而让所有人在一切合乎理性与习惯的事物上，都将他奉为天然而至高无上的领主。此外，他还要根据他们各自的等级与功劳，对他们行一切仁慈（humanité）、谦恭（courtoisie）和亲切（privaulté）之举。而且，他还不仅仅应当在涉及他的人身和荣誉、尊重以及对他的效劳的方面维护他的统治权和尊贵地位，而且在涉及他的最高司法与管辖权的事务上也要如此。此

---

① ［K］最显著的即 1465 年的"公共善之战"（war for the public good）。

外,对于邑督、管领和其他王室法官[①],在归他们审理的案件中,也要给予他们以在诸侯、领主和其他任何封臣的直属臣民之上的支持和权威——这是很早以前就十分明智地制定、引入并得到小心维护和遵守的,且这样做也是极为必要的。因为真相(la verité)是王冠上最为重要的一片花瓣。

不过,君主也不应该以任何形式,支持或者允许其官员,对那些诸侯、男爵、领主和封臣的权利和特权作任何革新,除非有很明显的理由且经过很好的商议,那样臣民就不会有正当的理由抱怨。这是因为如果轻信王室官员,就会在所谓的国王权利上,将大多数贵族卷入诉讼之中,他们因此会被摧毁和击垮,因为他们永远无法承受诉讼的开销。而对此国王与主君应当十分注意,并妥善告诫其负责这类事务的官员像上面所说的那样行事。其次,君主应当对每个人都平等地维护正义,根据案件的要求惩罚轻重罪行而不问出身,除非是出于很重要的理由。君主还需表明,自己对这样卑鄙的案件是很难给予赦免的,尤其是对于惯于操持武器、天性亲近于且惯于暴力的骑士。因为如果不能严格约束他们,他们肯定会损害其他等级。严格的程度需要根据情况、人、时间和事件而决定。但绝不能减轻或者放松约束,这样各种身份的人都总是害怕

---

① [R]邑督辖区(bailliages)或管领辖区(sénéchaussées)是 12 世纪末以来设置的行政区划。前者主要位于王国北部,后者位于南部(不过,北方的布列塔尼、阿图瓦、布洛涅和蓬蒂厄等地均设有管领辖区)。邑督与管领名称不同但却是相同的制度。在旧制度,邑督是邑督辖区内国王或诸侯权威的代表,执掌司法与行政。起初是流动地前往各地巡查。在 13 世纪,邑督固定一地。他们的管辖范围在卡佩王朝常规化,起初十分广阔;而后由于邑督取得了一定的独立性,国王不得不限制他们的特权。(在中文学界,邑督和管领又分别译为"拜伊"和"塞内沙尔"。——译者)

犯法受到惩罚。而且，在战争期间比在其他时间都尤其需要维持这一点；我在之后讨论军纪的部分会详说。此外，君主应该关注他认识的人的品格，如诸侯和其他大领主。而对于他知道本性喜好煽动而又傲慢者，就不应给予他们职位或权威，因为他们可能因滥权而损害君主的权威。这样的人，一旦手中拥有了力量和权威，就很容易由于轻蔑与傲慢，或是出于其他原因，做出可能为国王和王国带来巨大丑闻的事。

但是，对于我们都知道的富有美德和善意的大人物，我们也不应该给他们太多的权威，因为他们是最能服务于国王，而且也是最得到下级的服从的。尽管如此，君主应该这样维持他们，好让其他人主要将善举归于他，好让那些在诸侯和大领主手下做长官，拥有职位的人，无不主要依赖于他。同样还有王国所有地方和省份的臣民，就重大的案件也会诉诸他。否则的话，臣民很容易就会丧失或者减损对国王的爱戴和尊重，那些拥有重大职位和任务之人，尤其是那些本就地位很高的人，或是他们的代理人（lieutenans）和官员也会滥用职权，乃至根据具体情况想出更恶劣的事。而如果不是他们这样做，后来接受类似职位的人也可能这样做，就如罗马帝国曾发生的那样，对此我之前已经说过了。在这个方面，我仅仅是用一般性的话来说，也是针对未来说的。因为对于当前的人，我们不应该有任何不好的胡思乱想。根据我在这部论著中的主旨和意图，我所讲述的一切事宜都是为了未来而非当下；主要的关切是君主的善以及君主制的维持。

第二十章
应防止贵族等级因其他
等级之人而变得贫困

此外，君主还必须注意不要给其他等级（尤其是中间等级）可乘之机，使之胜过和削弱贵族等级，以至于贵族等级的能力和财富都减少了。因为当贵族等级处于贫困之中的时候，就无法在必要之时，为了公共事务而为国王效劳。而众多原因当中，来自中等等级的有三样事在让贵族等级趋于贫困。首先是司法（因为诉讼繁多而冗长，诉讼费用高昂，以至于每天我们都看到司法官员与管事在获取男爵和贵族的遗产与领地，而那些贵族则一贫如洗，无法维持贵族等级，因此也就不得不因为贫困而去做许多不符合他们等级的事）。毫无疑问，对此给出一定的解药是极其必要的，而当国王对此有所了解，且那些被他委以司法的人以王国的公共善为主要关切的话，我们是可以轻易做到的（至少可以解决很大一部分问题）。对此我不愿再多说，也不会讨论具体的情况。因为如果我们不想这样做，多说也没用。而只要有意倾听，具体问题是可以很轻易地说明的。

我对于司法职位所说的话，也适用于财政职位，因为即便履行这些职位的人应当有很大的权威和权限，而且还要能得到臣民的服从，从而可以更轻易地收取国王的税金，但是，一切都要讲究节制与理性，我们不应该给某些人以过大的权威和手段，使得他们变得富裕而强大，却让那些甚至是有更高地位和等级之人为此蒙受苦难，趋于贫困。

第二十一章
应节制奢侈

至于中等等级之人所从事的第三项活动,也就是商业,尤其值得注意的是不要让他们摧毁贵族,让贵族趋于贫困。而只有一种手段会导致这个结果,即贵族们的巨大排场和他们组织的盛宴(bombances),以及他们在生活和其他一切事务上过度的开支,尤其是在服饰和其他奢侈之物上。这无论是对他们,还是对于王国的公共善而言都是最为有害的。因为,奢侈会令金钱大量从这个王国流出,这可谓是人们可能对王国造成的最重要的伤口,因为这些金钱是这个王国的血液和筋脉。① 因此,国王与君主对王国能做的最有益的政治事宜,莫过于限制这些过度的奢侈。奢侈不仅有上述弊端,而且也让上帝不悦。而且由此还会产生各种不好的后果,因为国王势必就要向他的仆从(他们人数众多)赐予更高的地位或是给他们专门的礼物,好维持这些巨大的排场,否则他们对他的效劳便难以为继。因此,他就必须向民众征收更多的税。

---

① ［K］参见 Cicero, *Pro Lege Manilia*, p. 7,"我们一直都认为税收是国家的肌肉"(Vectigalia nervos esse republicae semper duximus);以及 Machiavelli, *Discourses* 2. 10 (trans. A. Gilbert, *Machiavelli: The Chief Works*, Durham, 1965, 1:348):"财富不是战争的肌肉。"(Riches are not the sinews of war.)

而另一方面，那些从国王处没有得到任何（或者得到很少）地位和恩赐的人，则会想要完全或者部分地模仿宫廷的风格。人们肯定会这样做，因为我们从未见过有臣民不想按照君主和君主宫廷的榜样来生活的，尤其是那些重装骑士。因为在这个行业，相比其他任何一个行业，都有更多的事可以去设宴和铺张，这就导致一些贵族由于担心这笔开支无法靠自己的薪水和家产负担，便退出了行伍之列；而取代他们的，是美德和能力没有那么好的人，他们把本应该用于让自己有更好装备和坐骑的钱的大头，拿来用于这些疯狂的开支。而如果到头来钱不够了，便不得不去抢去夺，这是尽人皆知的事。而无论是颁布多少法律或者法令，如果不斩除根源，是不可能解决问题的。就好比一种疾病，它因为人体内部不良的体液而表现在身体的某个肢体上，即便我们对疼痛的肢体施药而部分地、暂时地解除痛苦，但如果我们不清除那些导致疾病的体液，那疾病就总会再犯。

因此，有了上面这些讨论可知，对于君主而言，要纠正这个问题，就应当从自己和自己的宫廷做起，就如从前曾有过的那样。同样，实际上，无论是他的荣耀还是名声，都毫不取决于这样的排场和华丽场面，反而是因此而受到减损。因为他越是在这方面花心思，他就越难有妥善而丰富的衣着与装饰；而鉴于他的高贵地位，这不是什么小事。而我们能看到出身低微之人向他看齐，在这方面与他相当甚至有过之而无不及。因此，更让他得到尊敬的，是节制排场而非宏大的华丽场面，因为事情走向极端是有害的。不过，我并不是说要过于约束宫廷的用度，以至于它凋敝不堪，因为这会是在展现王国之贫困。我只是在说，人们在这方面应当保持中庸适度。且尤其要让下级遵守这项规定,因为让每个人与国王或者诸侯或是他们的大臣平等是不合理的。而只要我们通过诚实而合理的手段,对此下达良善的命令,而且避免走向极端,让人们谨守之,这对于维持王国富裕多金而言是非常好的事,因为我们看到,奢侈是吸食这个神秘体的血液最多的水蛭。

第二十二章
如何加快商品流通并让王国富裕

    主要属于这个中间等级,属于我们所讨论的商业的,还有其他一些活动。我们的邻国无不有法律与条令,防止金银流出他们的土地,而让外国人的金银流入。邻国的人们非常好地遵守了它们,但在法国我们没有这样做。即便我国对此有过法令①,人们也并不遵守它们。而那些本应该遵守之人,通常总是主要的违反者。虽说有时候,我们是不想让邻国懊恼(但他们并不在意这一点),担心会因此引来什么麻烦;但如果我们只是照做他们对其他国家做的事,而没有做得更坏的话,是不会有问题的。而由于这个王国更受其他国家依赖,而不是它去依赖别国,所以它这样做会更轻而易举。但是,这个君主国太大、太重,以至于管理起来十分费力。它也太过强盛,有太多的财富,使得它看上去从来不可能衰败,任何东西都无伤大雅——这就是大多数失序状态的由来。因此,谁要

---

    ① 阻止贵金属流出王国的法令也许始于腓力四世的 1294 年 3 月 12 日法令,在腓力四世与教宗的斗争中重申。之后的历代法国国王也多有相似的法令。参见 *Ordonnances des rois de France de la troisième race*, t. 12, p. 329。历朝相关法令见 Laurière ed., *Ordonnance des Roys de France de la troisième race*, t. 2, Paris, 1729, pp. lxxxii-lxxxiii。

是能将上述一切事物都安排妥当,会是莫大的功劳和荣耀。而当他做到这一点(至少就我上面所说到的和后面将会说的事而言)的时候,我认为这个君主国必将可以对基督教世界的所有权力者和领主,还有对其他许多统治者发号施令。我本可以用理性与经验来阐明这一点,但这与这里的主题无关。我也无意涉及限制金钱从这个王国流走的具体手段。因为即便我略能说上一二,这也并非我的专长。但是,当我们想要了解这些手段的时候,是很容易找到的,就如要克服诉讼繁多冗长一样。而有关维持上面两个等级(即贵族以及中等等级人民)所需之事,已经讲得足够了。

第二十三章
民众等级的维持，以及君主如何尽可能为民众减免税负和征收

至于平民，维持他们主要有三件大事，而这从上面的内容出发可以很轻松理解。尽管如此，由于它们十分重要，值得我们在这里重复和阐释。首先是君主应该注意，在涉及金钱征收方面，尽可能少给民众负担；并且，要做任何可以以让他们知道自己十分愿意尽力支持他们的事。因为，他这样做比做其他任何事情都更可以让上帝满意、让自己的良心满意；因为只要对民众征收大量的税金，就必然让其中很大一部分人陷于贫困，甚至于有时候会收走他们维持可怜的生命所必需的东西，这就会使得怨声传到上帝那里。对此君主应当十分重视。

除此之外，一方面，过度役使民众也会招来他们的仇恨和敌意，一旦王国遭遇逆境的时候，这会导致大的叛乱和骚动。而另一方面，当人民像这样因为征收而受到迫害，其中有一部分人就被迫离开这个国家，如果人数众多的话，会是巨大的损失，而且也会使王国的声誉毁损，成为王国的丑闻。这是因为在他们逃往的地方，他们会散布许多有关他们所经历的暴政之事，这会令君主及其官

员蒙羞，而且人们也能由此得知王国积贫积弱。而那些因征收过度而贫困之人，则不再耕作土地，他们自己和他们的孩子都成了乞丐，这也是另一大麻烦。因此，君主和那些负责其事务的人应当尤为注意限制多余的费用和开支；因为为了这些花销，我们才会有那么多的征收。

　　除此之外，就征收平民税和加征税的形式而言，寻求某种温和之计，进行良善的改革也是十分合适的。因为通过这种手段，打着这些旗号而从民众身上征收的东西，累积起来是一笔巨大到难以置信的金额，是远超君主最终所得收益的。而在进行征收的时候，有许多滥权、侵权和暴力之行，几乎每个负责征收（这征收的名目不可计数）的官员都以此维生，发家致富。有的发了大财，有的则发了小财，而这一切都是来自贫苦人民的血液和食粮。我并不是说没必要派官员征收税金，而是说，我们不必花那么大代价就能做好。但是，由于税收大大过度，滥权也过于明显，对此加以处置是极其必要的，因为事情还在不断变坏。而当君主想要了解这方面的事，负责此事的主要官员，以及其他那些对公共利益有良好热忱、知晓此事之人，会很乐意提出具体怎么做的手段。这会是很大的善，功不可没。

第二十四章
应如何防止人民受到尤其
来自军队的压迫与劫掠

第二点是，人民应当受到良好的正义所保护，使得其他两个等级之人无法压迫或欺辱他们，就如之前讨论贵族等级时讲到的。而最重要的是，国王及其手下负责战争之人防范人民不受军士的劫掠。这是维持人民生计的要点，我们也曾多次想要实施，但是我们还是没能看到有充足的秩序，或是这秩序保持过一段时间。除了不堪重负之外，人民也因此而变得贫困，以至于随后无法承担日常的使命，这就导致军士与民众之间出现了致命的敌意和仇恨。有时候这敌意如此巨大，以至于人民乐于看到军士们被彻底打垮，而这会意味着王国的崩溃——对此容我在后面细说。

第二十五章
应如何给低等级之人以凭借美德和努力上升到更高等级的勇气与希望

第三点是维护人民的自由和特许权，允许他们做任何没有禁止之事，甚至是通过这些事升入更高的等级，对此我在本论著的第一部分已经说过，比如根据他们的等级从事商业、学问、文学和军队之业。而当他们中的某人在其中某个行当展露能力的时候，根据其品行和意愿帮助他、支持他，从而让其他人有效仿他的勇气，让他们希望取得他所取得的。这可谓是名副其实的马刺，让各种各样的人都奔向美德之路。而就如我们经验所见、各处所书那般，只需要有一个人通过这个手段提升了地位，就会使成千上万人奔走。由于在每个等级，富有美德和德才兼备之人十分稀缺，而又由于是这些人在所有事务上贡献大力，王侯应当尽可能地，尤其是通过我说过的手段，让各类臣民热衷于取得能力：或是取得学问，或是军事技艺，这是最主要的两种能力；或是其他勤劳的行当，如商业、航海或其他类似的实践活动。但是，这一要点和之前那点都提到了战争以及军事的地位，且王国实力最主要就寄托于军事（尽管军事与政治秩序联系得如此密切，以至于两者缺一不可），故而我将会一般性地讨论王国的军事实力，尤其是维持和增进它，以及维护王国和在必要时扩张王国所必需的政治秩序。

第二部分完，第三部分始。

第 三 部 分

第一章
王国的军事实力，以及
维持和增益它的手段

依我所见，王国的军事实力（force）主要在于四件事：即臣民团结而服从君主，臣民富庶，负责战争者熟练并精于武器及战争事务，以及（尤其是在边界上的）城市、城镇和城堡的军力与弹药。所有这些事都要依靠良好的顾问和管理。对此，一位智者曾说，纵然有外在的武器，如果缺乏内在的好的建议，是微不足道的。① 因此，为了讨论上述四点，我对于前两点不会多说。因为之前所说的内容已充分说明了维持好这两件事的途径。

---

① ［K］参见 Prov. 11：14，15：22，24：6。

第二章
论各地的工事与补给

　　类似地,对于第四点,由于它足够明白,我只想说,这是我们所知最为必要的一点,因为大城市或军事要地有充足的补给,配备大炮以及一切抵御围城、供养守军等待援军所必需的物资,这是整个王国之幸。对此我们常有经历,也有再鲜活不过的记忆。[1] 因此,君主应多致力于此,倾注金钱,或是批准若干合理的、临时性的税收,或是出让特权。此外,他还可以通过合理且轻便的手段,强迫这些城市和地点的居民,以及在战时可能撤入城中保护他们人身和财产的周边居民为此出资。而这些修补和防御工事应当在和平时期进行,且不可操之过急,因为这样人民负担较轻,工作也会做得更好。而如果遇到突袭,他们不会因为要在急促之间建设工事而被压垮和吓坏;在匆忙之中他们的工作既不好也不牢固。但是,由于所有上面说到的这些事情几乎总是会对人民造成大的侵扰,并损害到君主和国家,所以,那些修筑工事的督查官(superinten-

----

　　① 〔K〕也许指的是 1512 年 4 月 8—11 日的拉文那围城战。是役,加斯东·德·福瓦(Gaston de Foix)阵亡,之后法国在意大利对神圣同盟束手无策。

dens）就极为必要对此多有注意和警觉；如果他们是良善、体面、贤明、富有经验和在乎公共善的，他们便会这样做。因此，最重要的事在于将这些任务交给懂行且有妥善执行之心者。

第三章
君主应如何巡视国家和省份

虽说如此,由于我们并非总能够筛选出这样的人士,且人的头脑最终总是会降格到他自己的利益,所以君主当他在别处没有要事缠身的时候,不时在国内(尤其是边境)巡视,是十分必要的。这样他便可以考察人们的工作情况,人民的统治如何,官员的行为如何。而且,他还要对前来向他告状的臣民广开言路,尽可能展示对这些问题的关心。因为,通过这样做,除了亲眼看到、亲耳听闻自己的事务之外,他还能让民众开心,相比人们只在纸上见他,取得多得多的爱戴和民心。这样也能让所有等级和各种类型的官员有敬畏之心;同样还有将领和其他负责军队之人(如果那里有的话)。此外,通过这个方式可以在王国各地散布金钱,尤其是在人民最应该富足的地方,因为他们最常承担最重的负担。

第四章

论军队及王国为何需要职业步兵，
以及征募、训练和维持步兵的方式

　　我现在将回到有关军事实力的第三点，它涉及的是士兵，而士兵是具有很大重要性的。这个问题无论是在管理还是实施中，都存在很大困难。首先，我之前说过，军事仅仅属于贵族，人民不适合投入其中，因为可能会产生之前已经指出的诸多麻烦。这似乎使得这个问题有很大的困难：因为我们无法否认，如果人民成了战士，上述麻烦是不可不虑的，即随着时间的推移，在某些场合，他们也许会叛变，拒绝履行惯常的使命。更令人担忧的是他们会不会去扰乱贵族。这样的担心不无理由，而且过去也发生过这样的事。与之相对，民众不能参军也会造成很多的麻烦。由于民众对战争无用，王国的力量就会大为减弱。如果有某个外国民族（就如这个王国最值得提防的敌人，即英格兰人、德意志人和瑞士人）前来袭击，由于没有步兵，我们就无法打仗，尤其是无法对抗步兵。于是就会发生这样的事：当民众听到有其中某国来袭（尤其是在那些民众最不善战、最不习武之地），他们便会胆战心惊——即便敌人的部队再小，他们的人数再多，甚至还有很多军队相助。而这些军队,看到民众心底的恐惧和胆怯,知道无法信赖他们,于是自己也变得担忧和害怕起来,因为他们知道如果没有步兵的支援,他们就无法很好地击退这样的敌人,也无法经受他们的攻击。而与之相对,得知此事的敌人,则变得更为勇敢,更容易去做冒犯国王及其各地和臣民之事,这是很大的弊端。在人民众多,且又是战士的地方,没有邻国或世界上其他势力敢于袭击。诚然,在必要时,我们可以对人民征收税金招募精良的外国步兵,在战争结束后将其辞退。这样的话,王国境内就不会一直有这样的部队存在。如果我们使用臣民参军,部队会留在国内;而对于民众而言,军队只会施加暴力、做其他巨大的恶事和造成损害。这样的情况,我们在王国久经战事之后多有见闻。

尽管如此,在战争中使用外国雇佣兵曾带来过,也总是可能带来其他许多麻烦,危害程度与常备军相仿,甚或更为严重。[1] 首先,这样做,本应留在国内的金钱会流出王国。其次,我们无法完全相信和信任外国人,尤其是身份低贱之人;而外国步兵与从臣民征召的步兵一样,大多出身卑微。既然如此,我们无法与他们讲道理,他们不服军令,对报酬也不满意。且实际上,我们从来都无法让他们完全服从命令,因此就不可能让他们保持军纪,并对他们完全信任。即使他们犯了什么错误,但考虑到他们人数众多,我们无法轻易惩戒他们;有时候,过错甚至可能是打败仗,即输掉一场战斗或是一座强大的城市,随后导致一个国家或是王国的一部分遭受损失或毁灭。还有可能出现的情况是,这些外国人看到自己极

---

① [K]参见 Machiavelli, *The Art of War*, bk. 1。

其强大,就反客为主篡夺某个地方或者地区,如在这个王国还有其他王国曾多次发生过的那样。第三,还可能发生的是,我们所雇佣的这些外国人不想或者不能尽快前来援助国王;而在此期间,敌人们则会造成一些无法弥补的损害。第四,在这样一个王国引来好战的外族并豢养他们是十分危险的,因为通过在国内长期驻留,他们会学得战争、军人的情况,策略的所有方式与机密,此外还会看出和了解其中的弱点,看到人民的低能,还有城市、城堡和通路的强弱之所。更糟糕的是,这个国家的财富和众多的财物,无不会刺激他们前来发动战争和入侵,这在其他许多王国,地方和领地也曾时常发生。而王国境内发生过的此类事件,我们还有鲜活记忆。①

　　出于上述理由,我认为人民过于不善战争以至于要雇佣外国人是极其危险的。我们在古老和最近的历史中看到,帝国、王国和国家,凡是曾经在战争中过多雇佣外国人的,都因此永远消失和被毁灭。但反过来,让民众作战也可能带来其他大的麻烦。因此,为了尽可能避免上述弊害,似乎可以执行过去人们曾建议过的一项举措,而且这样做也是必要的。我所指的,是颁布一道全国范围的有关步兵的法令,在每个城市和教区筛选出最为勇敢、最善于战争的一小部分人,以及我们在那里可以找到的体格合适之人。他们的长官与他们出自同一地方,对他们十分了解,如果他们做了什么错事,他们的长官能够对此负责。又由于他们是良善和体面之人,所以绝不会去掠夺,也不会为自己谋利,也不会根据亲疏安排无用之人,而会以君主和国家的善效力为重,尤其是会让士兵们遵守秩

━━━━━━━━━━

① [K]也许指的是1513年的瑞士入侵(以及雇佣军众多劫掠行径)。

序和定制。主要的将领、副官以及地方的长官还有其他受任此事之人均负责督查步兵，即在和平时令他们操习武器。还要有若干年长的、最为精于战争的外国步兵，来教导他们战争的次序与技法，以及其他所有与战争相关之事。此外，这些督查官和将官还当监视人员与装备、柴火（baston）及服装（accoustremens），并防范欺诈与欺骗。且这要尽可能避免扰民，在战争期间支付给他们足够的薪水，在和平时代也有合理的维持费。尽管如此，在此期间，到他们变得能征善战之前，如果王国发生了什么变故，我们可以根据事态之需，雇佣一定数量的外国人，与他们并肩作战。还有一种情况是，为了节约本国士兵，抑或是为了拥有各种类型的人和更好的战士，以及为了维持某个邻近的民族，在一些大的事件中，是可以借助于外国人的，这时我们可以更好也更带信任地利用他们，只要他们的人数总是少于法国士兵的数量。

通过这样做，一切弊端都会消失，因为外国人从来都不会在军队中太过强大，以至于可以凌驾于其他人之上而不服从指挥。此外，当这些外国人看到，这个王国有如此好的步兵和骑兵（是世界上最好的），以至于想的不是要去攻击他们，而是担心被他们攻击的时候，外国人总是会满怀友情和温柔地与国王及其臣民共存，而避免惹恼和冒犯他们。这样一来，金钱也留在王国境内，用于支付步兵薪酬，因此也就不太会成为民众过大的负担。这样一来，将武器放在民众手中也不会有任何危险。由于这些法令步兵（gens de pied d'ordonnance）的数量在每个地区都不成规模，所以他们难以挑唆其他人叛变，也无法共同密谋，因为他们身处四面八方。他们也没有这个动机去这么做，因为他们的薪水、特许权和地位都高于他们等级的其他人，所以他们更温顺也不敢不服从。而每当需要有人协助执行司法的时候，他们总是作好了准备，所以也就没有必要征募或委派其他人来强制执行。

我并不是说，在王国边疆，尤其是在最值得担忧的邻国接壤之地，不应该允许那里的人比其他地方更善战，更善用武器。相反，那些掌管这些地方的人应该引导民众，并提供手段，例如举办射箭、用弩以及火枪比赛，鼓励他们操练刀枪，以及组织其他类似的军事操习。不过，不必将所有当地人吸引过来，而只需召集他们当中最灵活、最适合这个行当者即可。因为让生活在边界之人配备武器和防御工事，勇敢而且有操练，是十分必要的，这样才能抵御邻国，因为后者也在这样做。否则，他们便总会在边界纠纷中落于下风。而如果不得不向其他人求援（即便他们来自这个王国），也会带来很大的费用，让那些地区不堪重负。正因为如此，我们通常看到，边境之人比其他地区的人更热衷于为君主的争端（querelle）效劳，因为他们更惯常为君主而战。也正因为这个原因，我们自然而然要免除他们许多劳役和税负，而这些都是那些不在边境之民所要承担的。但是，除了在战争时期身处危险之外，他们还承担了别的负担，因为他们通常拥有驻军，并有义务巡查和修补各个地点和城市。与军力有关的还有另外一点，即海军，我将会在后面适当部分讨论。

第五章
论军纪及其必要性与构成

　　而在上述事项中，最为重要的一点，是国王与君主让其士兵，无论是步兵还是骑兵，无论在和平还是战争时代，无论是在王国之内还是之外，都要遵守好军纪。军纪可以让一切战争事宜井然有序；一切对于政治秩序的服从，以及因此带来一切胜利和好事，都来源于军纪。为此，我在这里会讲若干要点，但不会引用瓦莱里乌斯、维盖提乌斯[①]或者其他写过或探讨过所有与这个部分相关的要点之人（因为这会太过啰嗦），而仅仅讲当下之关切（由于缺乏军纪而带来的麻烦，我们还有鲜活的记忆），以及我们在未来能够如何补救，而将涉及战争的剩余内容留给国王及其主要官员的审慎判断，留给书上去说。所有了解历史，尤其是了解那些讨论罗马人的功绩的历史的人，对这军纪有怎样的好处和效果一定不会一无所知。罗马人比其他任何人都更关注维护军纪；相比武力，军纪才是让他们的帝国如此庞大的原因。瓦莱里乌斯·马克西姆斯以及其他许多人在讲述罗马人统帅和皇帝的榜样时均作了见证。那些

---

　　① 维盖提乌斯（全名 Publius Flavius Vegetius Renatus），主要活跃于公元 4 世纪的古罗马军事家。他的《罗马军制》（*Epitoma rei militaris*）在中世纪和近代早期一直流传甚广。《玫瑰传奇》的作者让·德·默恩（Jean de Meun）曾将其著作译为法语。

让部队服从军纪的人,在之后打败了曾经大败和驱逐过他们军队的敌人,因为那些敌人军纪涣散。西庇阿·阿非利加努斯在西班牙的例子也能证明这一点。① 因此,所有君主和将领都应该努力维护军纪。而为了对此作粗略的讨论,根据我的计划,我就此仅讲一讲当下对于法兰西君主制而言最为重要的内容。

---

① ［R］Valerius Maximus, *Factorvm et dictorvm memorabilivm libri novem*, 2. 7. 1.

第六章
将领应具备的品质

　　军纪因此在于两样事,两者相辅相成:将领要有胆略(vertu)与能力(suffisance),士兵要懂得服从。因为如果将领具备应有的品质,那么各个等级的士官和士兵都会像应有的那样服从他,那就定能无往不克。但是,只要两者之间缺一,就几乎不可能有好事发生:如果将领没有长期经验所得来的军事技艺的知识,不懂得在各种场合如何下令、提防和统率,也没有胆略、勇气和审慎来执行行军谋略,他就永远不可能在他的士兵中获得声名与尊重,遑论在敌人当中。于是乎,对于他的举措,士兵们从来都无法完全信服,因此便会心生畏惧与悔意。而当他们认为将领的举措是完全合理的,他们对于他所做的一切举动就会一直抱有好的看法与希望,并愉快而勇敢地为之效力。更糟糕的是,如果由于缺乏胆识或者知识,将领会在很多事情上被敌人所惊动,而无法在他这边作恰当的防备。而实际上,在战争事务上,只消一个错误,就可能丢掉整个国家。而对于无法胜任职责的将领,我们应该派遣优秀的、充足的人来帮助、建言和协助他。即使是这样,将领本人必须有理解事务、判断不同观点哪种最好的头脑。否则的话,他很容易去选择最糟糕的,而不是最好的观点。而如果将领对某些人言听计从,其他一些人通常就会感到不悦,并出于嫉妒反驳他们的看法,反驳他们所说的任何东西。还有一种时常发生的情况是,过于年轻或没有经验的将领往往更易于相信懂得讨好他们意志的人,或是从小以来教导过他们的人(即便那些人其实一无所知,也不太受到尊重),而不是最为博学之人。此外,将领本人还应该有决定无法等顾问商议(或是不适合公开传达)便突然下令执行的事宜的头脑与经验。与之相对,纵然将领有极好的顾问,如果他没有妥善执行建言(在行动或是言语方面的建言,尤其是让他得到服从的建言)的勇气、胆略与审慎,那么,智者的协助对他来说也无甚助益。

　　总结来说,将领任人唯亲,罔顾职责而犯下错误,因此产生了太多弊害。以至于任何在世之人,对这样的事都无不耳熟能详。因此,当我们能够找到拥有上述一切品质与条件的将领的话,就应当毫不迟疑予以任用,并斥以重金。如果他拥有主人赋予的完整权威的话(而如我在后面会说的,这样的权威是必要的),也不会有诸侯或者其他人拒绝或者不乐于听他指挥。但是,由于这样的将领一将难求,而我们又必须要就地取材,我们就必须在他们当中,选择缺憾最少的,关注最为必要的那些品质和条件,选择具有最多品质的人。对于这些品质,我之前已经讲了三样了。而西塞罗在他为庞培作的第一篇演说中也有提及。① 而如果说他往里头又加了第四种品质——好运,我并不想停下来多说,因为它是另外三样品质的结果,而没有它们,前者就不值得任何赞美。对于"权威",

---

　　①　[K] Cicero, *Pro Lege Manilla*, p. 40; 14. 47.

我的看法也类似,因为拥有其他两种品质与条件(即有关战争技艺
的知识与经验以及美德)之人,如果君主以应有的方式对他,他就
总是会有权威与声名。

第七章
前述两种品质哪种对将领更为必要，
胆略抑或有关技艺的知识

因此，如果我们发现一个人，有两种品质中的一种，但缺了另一种，就需要考虑两种品质哪一种更值得青睐，知识抑或胆略。我指的是差别非常明显的情况。因为完整拥有某种品质，而另一种品质平平的人，总是胜于某种美德明显缺失者。所以，问题就在于，如果有两位将领，他们各自具备某一项品质，应该如何选择。而根据西塞罗在前述场合所给出的排序，相比胆略，他看似更倾向于有关技艺的知识。虽说如此，胆略似乎比知识必要得多。这是因为有胆略之人可以依靠好的顾问，做成比只有知识而没有胆略之人所能做的多得多的事，就如我们从亚历山大、汉尼拔、西庇阿的事例中看到的那样。三人都是年轻有为的将领，所以不可能有足够的知识或者经验。但是，凭借他们的胆略与勇气，相比许多长期操习军事但没有这样的胆略与勇气者，他们执行了更为伟大的举措。在我看来，如果我们将一项条件和品质与另一项完全分开的话，即如果有一个人完全掌握战争的记忆与经验，而没有一颗勇敢的心，而另一个人拥有很大的勇气与胆略，但丝毫没有或者很少有战争经验的话，我宁愿选择后者而非前者，这既是出于上面所说的理由，也是因为后者能够通过操习弥补缺陷并变得完美。而这是另一个人永远不可能做到的，尤其是在经历了长期的战争之后，他虽然已经足够对战争技艺有掌握，但未能取得胆略与勇气。不过，要找到这样一个人，他长年累月随军征伐，对军事烂熟于心，却没有足够的胆量与胆略，是十分困难，几乎不可能的；然而我们能找到许多人，他们拥有富有胆略与勇气的内心，却没有从军经验，对这个行当也一无所知。我认为这是促使西塞罗将有关技艺的知识作为将领第一个必备美德的原因。如果是这样的话，他的意见是有道理的。

第八章
在何种情况下，我们更应该对诸侯或者其他显赫人物而非身份更低者委以重任；为什么将领应当有口才，应当对士兵作演说

除了上面说到的之外，将领本人的身份地位十分有助于他取得士兵的服从、爱戴与尊敬。因此，如果有诸侯或者其他王国的显赫人物，他们拥有足够的上述品质，尤其是美德的话，那么即便还有更完备的人，我们也应该优先任用他们。不过也要提防，勇敢的同时不要鲁莽，以至于蔑视更为明智、更有经验之人的建议。因为这种情况下，他的地位越是高，就可能造成越大的混乱。但是，如果他足够心胸宽广、小心谨慎，乐于听取那些他知道深谙战事之人的意见，并在听取了对事务的辩论之后，有足够的理智与理解力来评判与选择，而且还拥有执行它的美德与勇气，那么我认为在这种情况下他是不二人选。而且，君主还应当给他人事的支持与协助，以弥补他的不足之处。我这里所说的将领，是就君主不御驾亲征的情况而言的，而如果君主御驾亲征，就有更强烈的理由亲自遵守上面这些要点，因为

所有将领都在他的麾下。因此，如果他对于军事没有经验，他就绝不应该在尚未听取富有学识与经验之人的意见和建议之前，就作出任何重要决定。当他有了充足的经验，他应该根据事务的重要性以及一时的条件来使用顾问，就如之前讨论各个等级时已经说过的那样。

还有一样品质在我看来对于将领也是极其必要的，即他要有口才，并读过若干古代和新近的历史。① 因为在重大事务当中，一位将领有理有据，例证翔实的明智告诫，会让整支军队勇气大增，乃至将他们变得如狮子一般勇猛，或是让他们像羔羊那样感到害怕。这样的事，我们能在凯撒《高卢战记》的许多段落中读到，尤其是当他在贝尚松，想要前去会见阿里奥维斯图（Ariouistus）的时候。而有人若是读过色诺芬有关居鲁士在波斯游历的历史——我已经将其从希腊语翻译成了法语——就还能找到其他更为显著的例子。我们还能从撒路斯提乌斯、李维、昆图斯·库尔提乌斯和所有其他历史学家的作品中受益匪浅。② 因此，在我看来，如果这种在重大事务上对士兵发表演说的才能得到恢复，而将领能够很好地演说的话，会有很大的帮助。

------

① ［K］参见 Machiavelli, *Art of War*, 660; *The Prince*, chap. 14。

② ［K］Caesar, *The Gallic Wars*, 1.3841; Xenophon, *Anabasis*, 3.2.7-32; Sallust: *The War with Cataline*, trans. J. Rolf (London, 1931), pp.118-23; Livy 28.25-29; Quintus Curtius 3.10; 6.3; 10.2-12。

［R］撒路斯提乌斯（全名 Caius Sallustius Crispus），前86—前35，前55或54年任税务官（quaestor），52年任保民官（tribune）。著有《喀提林阴谋》（*De Catilinae coniuratione*）和《朱古达战争》（*Bellum Iugurthinum*）。他的《历史》（*Historiae*）今已残缺不全，讲述的是苏拉去世（前78）到庞培战胜海盗（前67）之间的罗马历史。提图斯·李维（Titus Livius），生于帕多瓦，前59—17，一部著名罗马史书的作者（《罗马建城以来》），讲述从罗马建城到前9年德鲁苏斯（Drusus）去世为止的历史。昆图斯·库尔提乌斯（Quintus Curtius），拉丁语史家，流传至今的著作有《亚历山大大帝的功绩》（*De rebus gestis Alexandri Magni*），凡十卷，前两卷佚失，第五、六、十卷残缺。

第九章
君主应当授予将领的权力与权威

前面我讨论了统帅三军的大将应当拥有的品质与条件，接下去要讲的是君主这边必备的品质与条件。选择了胜任之人后，在涉及战争的事宜上应当给他完全的权威，使得在他的统帅之下，任何人都要像服从国王那样服从于他。国王不应听信任何不愿意服从他的人，无论是谁；尤其是不愿服从之人地位越高，就应给予越严厉的惩罚，以儆效尤。又如我之前所说，如果将领不受尊重、敬畏与服从，他就无法行重要之事。对此我在之前讨论威尼斯国制的时候也有提及，威尼斯不值得称赞，因为在将领之上还有别的人能够命令将领，对战争事宜发号施令，如战斗、包围或者支援要塞、遣散或召集士兵、决定用强攻还是谈判来夺取城市、惩罚战争中的不法者、奖励在那些临时性的或者并无太大重要性的事项上立功者、战争期间向城市和他所负责的地方派遣军官等等。尤其是，不应为他安排对于战争并无所知的上级或者同伴（无论他们来自哪个等级，有怎样的品质与权威）。我并不是说，将领处置战争之外涉及治理（police）、司法与财政的事宜无需其他人协同。派人协助既是为了让将领不会因处理众多杂务而不能一心忙于本职，也是因为这些任务有不同的属性：某人可能对某个任务称职，对别的则不然。另外，授予官员和臣民中单独某个人以过大的权威，以至于他做重要但不要求迅速的事都无需诉诸君主是不合适的。尤其重要的是，将领不应该有开启一场新的战争的权威，也不应该有未经君主授权便与敌人或者其他外国人签订长期和约的权威；这样的权威仅在必要的情形下保留。

最后，简而言之，我们应当根据人和事的性质，根据地方的远近来决定授予权威的多少。罗马人就是这样做的。相比留在意大利的执政官，他们授予派去遥远地区的执政官以更大的权威。而且，他们还为某些富有美德与名声的人赋予比其他人更多的权威。而在极为必要的情况下，他们还创设了拥有一切权力的独裁者。对于将领，我们简要的讨论已差不多了。想要更详细地了解将领应该具备的条件、品质与美德，他所应该恪守的行为准则，以及他的职责所在，读者可以找到许多相关论著，并通过历史讲解来明白——可以注意最为有名之人的事迹，如居鲁士、亚历山大、皮鲁斯、汉尼拔、马塞卢斯、法比乌斯、西庇阿、地米斯托克利、来山德、凯撒，以及其他王侯、公爵与皇帝，尤其是普鲁塔克笔下所写到的那些。①

----

① ［R］居鲁士二世（Cyrus，约前559—前529），人称居鲁士大帝，波斯帝国的缔造者，米底亚王国的接替者：他属于阿契美尼德王朝。皮鲁斯一世（Pyrrhus，约前318—前272），前297年起为莫罗斯人（Molosses）国王，前306—前302年以及前297—前272年为伊庇鲁斯国王（hêgemôn d'Épire）。汉尼拔·巴卡（Hannibal Barca），通常被称为阿尼拔或汉尼拔，前247年生于迦太基，前183年于俾提尼亚（Bithynie）自杀。马塞卢斯（Marcus Claudius Marcellus，约前270—前208），第二次布匿战争期间的罗马将领与政治家，三次任执政官（前215、210、208）；法比乌斯（Quintus Fabius Maximus Verrucosus，前约275—前203），人称"拖延者"（Cunctator），罗马政治家、将领；地米斯托克利（Themistocles，约前525—前460），雅典政治家、将军；来山德（Lisandre，约前440—395），终结了伯罗奔尼撒战争的斯巴达军事统帅。

［K］参见 Sertus Julius Frontinus, *The Strategema* 4；康奈利乌斯·奈波斯：《外族名将传》；以及普鲁塔克的作品。

第十章
对于士兵与军人而言何为军纪

　　我们在上述论著与史书中也能清楚看到士兵应该具有的军事纪律,这是我想要讨论的第二点。尽管它完全依附于前一章的内容,但是为了更好地理解这个问题,我将这个部分单独列为一章讨论。而我仅说当下对于法国军队来说最为必要的内容,以我亲眼所见以及从事和理解这一行当之人那里听闻的东西为依据。尽管如此,军纪的要点大体说来有三:第一,也是最必要的,是士兵对将领的服从,这我们在前面已有充分讨论。我们在这里只需补充援引西庇阿·阿非利加努斯的话:与其有一万名不服从的士兵,不如有一千服从者。而这种服从取决于将领;因为如果他如我们上面所说的那样称职,如果君王给了他应有的权威,就不必担忧他不受到服从,只要这个民族之人没有败坏到不能以理性、正义服之;而理性与正义是战争中最为必需的,因为如果没有它们,就没有任何秩序可言,由此产生各种弊害严重影响军事。因此,有的将领为了取得士兵的爱戴,或是为了展现自己的宽宏大量,太过轻易地宽恕或掩盖士兵的过错,乃至于宽恕他们不服从将领或是法律与法令之行为,是值得大大谴责的。因为那些行为将导致军纪完全瓦解。

而实际上,就如我们在凯撒的书中所读到的那样,在一位将领身上,严格比宽松必要得多。凯撒虽然在任何其他事宜上都是十分宽仁的,但在战争上却是严厉苛刻的,然而他并没有受到军士的憎恨,反而备受爱戴。就如我们日常看到的那样,那些给士兵过大自由,想要以此取得他们的爱戴和支持的人,到头来反而被士兵憎恶与谴责;而那些让他们严格遵守秩序的人则得到爱戴、尊敬和赞颂。因此,所有将领在战争中,都应该维持和维护正义与纪律,根据情况的要求严格惩罚违反军纪者。即便只是涉及某个人或者少数几个人,而不是整支军队或者一大帮人的时候,也要严肃军纪。在这种情况下,有时候可能有必要作一时的掩饰,从而避免更大的弊端。但在危险消失之后,将领应当尽一切手段实施惩罚,或是借此让所有人都知道,无论是损害君主还有他自己的权威之事,还是对国家而言是丑闻之事都绝对得不到容忍。这样一来,就能阻止这样的事带来恶果,就能让人们在未来一直对此心怀畏惧。

第十一章
将领让士兵保持良好服从
与纪律的手段

    将领还需尽力消除让士兵不服从他和哗变的任何机会:对他们严格维持军法,并与他们秋毫无犯;相反,他还应该根据不同人的功劳,合理给他们赏赐。尤其是他们的薪水,是不应用任何方式骗取的,也不能拖延。相反,如果拖延引发了他们的不快,就应该尽一切所能筹集到薪水;而在此期间,对他们要尽力以礼相待。类似的,如果军队的生活品或者其他必需品匮乏,应当尽可能地慰问和安抚他们,并向他们展示他自己也和他们一样在忍受困难。并且,在任何事上都要让他们明白,他诚挚地爱着他们,对一切他们身上发生的困厄与烦扰感到不快,无论其是大是小。但与此同时,他要一如既往地保持权威与威严,尤其是面对哗变和不服之人。此外,他还应与分队的军官以及一些士兵首领——对其他士兵拥有更多的信赖和权威者——维持和拥有友谊。他还要有一支特别的分队。对这支分队,他尤为倚重,并在其力所能及的方面给他们晋升。至少,他应该对其好言相待,展现出对其独一无二的信任。不过,他这样做的手段要十分巧妙,从而让其他士兵更多地受到触动,想要凭借好的效劳胜过他们,而不是渴求将领对他们偏爱。如果偏爱有合理的理由,而且也与他所偏爱之人的功劳与美德相称,那他可以这样做,就如凯撒对第十军团钟爱有加那样。① 如果按照上面所说的那样去做,军中就几乎永远不会有哗变和叛乱。即便发生了这样的事,也能很快平息,且将领的权威与军纪都得到维护。

---

① ［K］Caesar, *The Gallic Wars*, 1. 40.

第十二章
士兵和军士之间应该
维持的生活形式

　　有关军纪的第二要点在于士兵之间的生活方式,其应该是诚实的、和平的、简朴的。就诚实而言,它之所以必要,既是为了不要冒犯上帝,也是为了国家的利益。为此,将领应该下令,上帝及其圣徒的名字在军中不受亵渎,并严厉惩罚违背者。此外,还要确保教会和神职人员不受任何暴力侵害,类似的还有孤儿、寡妇和其他悲惨之人。① 严禁强奸和掳掠妇女,以及其他一切令上帝不悦并因此震怒之事。因为,许多做下这些冒犯(甚至是比这轻微得多的冒犯)之行的军队都招致了巨大的困厄与损失,就如我们在圣徒书信,在教会与世俗的史书中所读到的那般。出于同样理由,将领还应尽其所能防止妓女随军,就如西庇阿·阿非利加努斯在西班牙所做的那般。② 而如果这完全行不通,且为了避免更大的麻烦,他发现不得不像教会容忍世俗社会有妓院(尽管它既不允许也不认

---

　　① 参见《申命记》24:17—21。
　　② 〔R〕 Valerius Maximus, *Factorvm et dictorvm memorabilivm libri novem*, 2.7.1.
　　〔K〕Livy, 57.

可这种罪孽)那样容忍这种情况，即便如此，他也应该禁止和防止妓女的人数过多，并用言行表明自己对从事此种行业者充满鄙夷，而尊敬那些诚实生活、敬畏上帝之人——军人比其他人更应该这样，因为他们大部分时间都在出生入死，因此应当一直处在并维持好的状态。这一点在法国遵守得很差，尤其是在步兵当中。他们普遍在任何方面都品行恶劣，尤其喜欢亵渎上帝、贞母玛利亚和圣徒的名号。仿佛在他们看来，不这样做就得不到勇敢、有胆量的名声。因此，他们从来做不了什么高贵之事也就不足为奇了。

军士还应当和平生活，将领应尽一切手段，防止他们之间爆发争执；而如果发生了争执，也应该立即平息。因为争执会导致（如经常发生的那样）许多大的弊害，军中有不同民族者时尤然。而为了消除争执，除了需要维持前面讨论的服从之外，让不同民族的部队尽可能分开驻扎，并防范他们在扎营、军需配给和劫掠战利品时有混在一起的机会也是很有益的。此外，还要让军官与士卒相互爱戴、相互理解。

第三，我说过，军人的生活应该是简朴的，也就是说，无论是就他们的饮食、居住还是其他个人享受而言，他们都不应太过关注自己的舒适，不应生活得过于安逸。而就这一点看，似乎在欧洲大部分地方军纪都几乎完全丧失了，且尤其是在法国——因为现如今，各类士兵与军士都习惯于丰裕的生活和军营中的安乐，仿佛他们在大城市或者他们家中那样，无论是就吃、睡还是任何其他他们可能拥有的舒适条件而言。大部分人只有在必要时才想到穿戴甲胄，比如要打仗或是有所担忧之时。而即便穿戴的时候，也是尽可能少穿，剩下的甲胄由他们的马匹或者侍童携带。这就产生了许多弊端。首先,这样的生活让他们失去活力,变得女性化,就如汉尼拔与他的士兵驻扎在卡普阿(Capua)和坎帕尼亚(Campagna)等地享受愉悦时那样。① 其次,需要有出奇多的生活品来满足他们。如果不足,他们就无法长时间忍受这样的生活。即便他们拥有足够的生活必需品,但也还是会要求精致的肉菜。他们于是就会去怂恿同伴哗变。有些人则由于改变了生活方式而生病或者死亡,而如果他们习惯于节制的军旅生活,则是不会如此的。其三,需要大量对战争无用的人力和牲畜,来运送他们的生活品和行李,以至于军中物价昂贵,粮草匮乏。这样就导致军队失序,因为他们妨碍了士兵,并通常会影响整支军队的行进。此外,在战斗时,也总是需要有一支大队来保护这些东西。而许多时候,军士们(由于担心丢掉他们运行李的马匹)会不顾命令去救他们的物品。或者,自己一方的步兵,非但没有去战斗,反而是冲向骑兵的行李,这在我们的时代产生了诸多弊端。其四,开销过于庞大,无论是生活品还是服装以及用于他们享乐的行李都要花费大量金钱,这就使士兵不可能凭借他们的军饷生活②。这就造成了巨大的混乱。这个问题必须予以修补,恢复良好的军纪。

有关军纪的第三点是,他们盗窃和勒索君主的臣民与朋友,这就使得他们被所有人憎恶,尤其是在新近征服的地方、土地与领地,以至于一旦发生了变故,他们不仅担心敌人也担心他们一方的人,他们因此不得不放弃城市以及防卫要地。而如果他们像应当

---

① 　[K] Livy, 23.18. 10—16.
② 　抄本在此处另起一章,题为"军队对君主的臣民和朋友应当保持的秩序与纪律"。

的那样，与当地人民诚实地生活，就不会落到这种地步。在我们这个时代，我们已经对此多有经历，有充足的教训敦促我们对此作出防备，从而使得那些因为受到糟糕对待而希望法国人前往统治的人不要丧失他们的渴望。而如果他们认为这些缺点不可能改正，他们就会打消念头。因为如果人们听到，法国军队纪律严明，时时恪守，那么就不可能有任何外国民族，尤其是那些易于叛乱的民族，不希望由法国人（而非世界上其他人）去统治。但是，我们必须着手在王国立即推行这种纪律，让人们感到军纪问题已有改正，并把这个消息传播到国外。

第三部分终，第四部分始

第 四 部 分

第一章
与邻国、外国君主及
外国人民的交往方式

我们在上面探讨了法国君主在国内和国外应当维持的秩序与定制，从而维护和维持他的军力。接下去要讨论的是，无论是在和平年代，还是在战争年代，为了这个王国的稳固和维系，他与邻国和其他外国君主与民族应该保持怎样的原则和交往方式。这会是本论著中最为困难的部分，且在我看来也是最有用的部分，因为就国内的定制和军力而言，有许多手段可以维持，这是许多知名人士所知的。但是，我们应该如何与外国民族生活和打交道，谜团还有很多，而他们环绕这个王国四周：东有意大利、萨伏依、瑞士，西有英格兰、布拉邦、荷兰、下德意志；南有西班牙；北有德意志。如何与我们熟悉且能够支配的臣民打交道，相比于我们并不熟悉——至少是认识得并不充分——而且也无法支配的人来说，是更容易明白的。尽管如此，这个君主制和各个等级的安宁、维系、繁荣与增益很大程度上也系于他们身上。如果在实践中都有困难，要写成理论——对我们应该如何对待这些邻国和外族提出专门的法则与教条——困难就更大了。因为这会随着君主、风俗、意志以及那些外族的事务的变动而变动。对于过去和平友好共处的好邻居好伙伴,我们如今也许不得不将其当作敌人看待,予以提防,就如对付坏邻居那样。相反,那些一度被视为敌人而受到提防的邻国,也可能有必要像朋友那样去支持、援助他们。正因为如此,同样还因为具体讨论这一问题太过繁冗,我将仅限于一般性的讨论,好让我们能够轻易理解具体事务的要点。

第二章
君主应如何谋求和平,以及在
何种情况下开战是合法的

　　我想先说一则座右铭:所有好的君主和其他负责统治和操持国家及领地者,如果他们希望能够拥有持久、真实而且完整的和平,都应当热爱和平、谋求和平,与所有邻国和外族和平共处,只要他们不是因为天性或者法律的不同(比如异教徒)而成为我们的敌人。因为任何人都不应该出于统治欲、为了人世的荣耀,或是为了其他杂乱的激情而发动战争。发动战争仅仅是为了在没有其他手段的时候,收回自己被不当夺走的东西;或是为了补偿君主或者其臣民受到的某些不公正的侮辱与损害,且对此我们是无法用友善的手段寻求补偿的。抑或是为了帮助和保护受到他人不公和暴力侵犯的邻国、盟友、亲友。出于上述情形,根据神圣法与人间法,发动战争是合法的。自卫或者是保护附属国则是更有力的理由,在这种情况下,战争不仅仅是合法的,更是必要的。不过,也需要在所有上述情况中,考虑时机和条件是否合适。对此我现在无意讨论,因为这超出了本书的主题,且需要专门撰写论著。

第三章
君主为了防备邻国应当
采取与使用的防范和手段

　　但是,由于人本质上都会因为统治的野心和贪欲而腐坏,尤其是君主和那些把持着大国的人,所以我们不能依赖和信任这些人。所有负责和管理国家的君主,虽然正与邻国和平共处,但也极有必要牢牢关注他们的举动,并作好防备:这样他人才无法对他们做不利之事,或是冒犯他们。他还应当根据人的条件与品质,根据时间与地点,就这一方面准备好手段。因为如果我们的邻国人力物力充裕,足以来犯,除此之外还与国王或王国古来就有争端或者恶意,那么相比对于另一个没有力量也没有恶意(或是两者只有其一)的国家,就更需要时时予以防范与准备。类似地,如果君主或那些操持邻国之人奸诈邪恶,富有野心而且贪婪,那么相比于他们守信或者胆小,或是没有来犯的行为或者力量的情况而言,我们与他们打交道就要更小心谨慎,并在其边界设置更为妥当的防卫。

　　因此,为了作更进一步探讨,就我们必须提起注意的前一种国家而言,在我看来,在和平时代与他们打交道应该注意的是,让他们没有合理的理由感到痛苦,进而发动战争或者争端。此外,要如他们那边所做的那样,向他们展现我们的爱和信任,让他们知道我们希望他们的善与增益。尽管如此,由于认识到他们的虚伪,知道他们如果有力量、看到机会就有可能来犯,所以就需要采取一切能够诚实地、合理地防范他们的手段。我们可以通过许多不同的方法,根据上帝和理性,通过一直秉持爱德的原则而做到这些。对于这些手段,我只说一说现在我能回忆起来的,其他的则可主要从对这样的国家事务(尤其是对我们所讨论的法国的事务)有更大了解的人那里听闻。

第一个手段是绝不允许这样的邻国——无论他们对我们展现多大的友谊——在您的国家做任何在现在或者未来可能强化他们而有损于您的事,比如率领大军进入、穿过或者逗留于您的国家,过多购置装备与物资,在您的要塞、城市、堡垒(尤其是边境的)与那些官员做买卖(除非是对维持友谊极其必要的买卖,而且这也要考虑到所涉之人的品质)。第二个手段是一直让边境地区得到良好的补给与防卫,能够抵御突然袭击。因为防卫松弛难免会给人出其不意的机会,尤其是对于那些不十分可靠的人来说。第三个手段是维持好我们拥有的朋友与仆人,如果邻国想要对我们不利,就可以找那些朋友作为支援;在我们签订的条约中,永远都不能将他们抛诸脑后,更不要借助刚和好的敌人去打压和削弱他们——无论这样做看似有多大的好处,无论是出于什么样的理由。因为这样做的同时,由于他们看到我们在不再需要他们帮忙的时候抛弃了他们,我们不仅削弱了这样的朋友在必要时帮助我们的能力,还打消了他们出手相助的意愿,给了他们与我们的敌人联手的动机。这样一来,一旦那些敌人看到有可乘之机,我们就会给他们侵犯的欲念。此外,将另一方的盟友化为己有有双重的好处,因为一下子我们就削弱了我们的敌人而增强了自己。而更重要的是,所有支持另一方的其他国家,看到那个盟友被抛弃了,且因此被迫投向对方阵营,便会丧失勇气并效法之,即便并非必要。也正是因为这样的原因,君主不应该放任自己靠近邻国的臣民受到侵扰或是冒犯,尤其是如果有敌对的其他邻国时。相反,尤其是对那些处在可疑边境上的人民,他应该无时不刻支持他们的争端,并用一切合理手段防范他们受到压迫,从而一直都给他们以保持善良、为他们的君主在争端中贡献一切的勇气。第四个手段是,尽可能防范这些可疑的邻国的军队、盟友、财富和土地过于扩张和强大,以至于损害我们。由于担忧这样的邻国在强大之后可能来犯而这样做是完全合情合理的——就如结束了犹太人之间的分裂的圣保罗,当他看到他们相互同意违背理性对他做不利之事的时候先发制人那样。① 以保罗的榜样,善良的君主在这种情况下,可以通过妥善和隐蔽的手段,在联手起来可能对他和对臣民有害的国家之间(甚至于在他们的君主和他们的臣民之间),制造和维持分歧与争执。不过,这样做的同时不能违背信仰和承诺,也不要有背叛和恶意,因为这永远都不是合法或诚实的。

类似地,在这样的情况下,为了遵守上面所说的内容,妨碍我们所顾虑者获取财富、扩张土地也是合法合宜的。通过合理的手段(如果有),让他消耗和减弱财力、军力、军队和支持,以及其他一切可用于伤害我们的东西。而任何明智之君都应该尽可能做的

---

① 《使徒行传》23:1—10。

（这也是第五个手段），就是以诚实的手段，让富有美德之人不再为他们效力，无论是为他们建言献策还是作战，不让这样的人为邻国（尤其是居心叵测的邻国）在针对我们的重大事务上所用。对此，法国国王比我们所知的其他任何君主都更容易做到，因为相比其他任何君主，在他的王国，他有大量的职位、头衔和官职可以授予各类人士而无论其出身贵贱。以至于无论地位多高的外国人，一旦尝过法兰西这片草场的甜头，只要我们不给他造成十分重大的动机，就再也不愿意离开；相反，那些我们从邻国吸收并根据他们的美德与服务而优待者，对于这位君主和这个民族有十分的爱戴，以至于与本王国的人一样善良、可靠和忠诚。而且，他们放弃了自己在其他国家的遗产，为的就是为他们的主人效劳。而国王因为知道这样的人所具有的忠诚与美德，所以相比于普通臣民，总是赋予他们以更为危险、更为重要的任务，如治理和防卫各省、城市和边境地带。这类外国人对本王国有很多、很大的贡献；而相反，我们有时候拒绝那些轻易回到国内之人的效劳，因为我们发现他们之后为敌对的一方效劳而造成了很大的麻烦。不过我并不是说我们应该完全相信外国人，一上来就给他们如此重要的职务，而是要等到我们充分了解和考验了他们的美德、忠诚与品格之后。但是，我们应该以一切诚实的手段招揽他们。

第四章
当君主担心与某个方面发生
战争之时应如何行事

只要我们与邻国处在和平之中,而邻国又是应该防范、无法完全信任的,上述事项就都应该得到维护和遵守。这样的话,我们应该对他们有所隐藏,这当然不是为了欺骗他们,而是为了避免他们的恶意与诡计。而国王应该一直隐蔽行事,通过微妙而合理的手段去这样做,而不要给他们正当的理由去感到痛苦或是打破和平(如前所述)。但是,当他看到邻国正在准备战争,值得担忧的时候,那就应该通过警告和其他一切诚实的手段,奉劝他们不要走这条途径,聆听一切合理的提议,并为此让双方的朋友介入,以至于首先是上帝,随后是他们的(敌人和国王自己的)臣民和朋友,最后还有所有君主与权势者(尤其是邻近的)都知道并了解这是那些心怀不轨者的重大过错,并且令国王感到十分遗憾。通过这样做,他将上帝和世界放在自己这边,赢得自己臣民和盟友的心,让他们愿意愉快而主动地尽力支援,并大大削弱敌对方臣民与盟友的热心。尽管如此,在这种情况下,还应当在没有任何掩饰的情况下,准备和强化一切事物,防范奇袭,时刻准备好自卫,甚至在必要时进攻。

因为维持和平最好的手段，是展现自己的强大、对敌人毫无恐惧。相反，没有什么比看到他们的敌人是脆弱而恐惧的更能够激发居心叵测者挑起战争。

因此，一位伟大的君主对他的敌人表示谦卑从来都是无用的，也不是诚实的，尤其是对于那些他曾受过冒犯和算计的敌人；他也不应该向他们寻求和平，除非是极端必要的时候，对贪婪、富有野心而且自大的民族或者君主尤然：因为这样一来，他们的野心就会倍增，而也会使展现自己如此胆怯的一方丧失支持者。如果我们像这样卑躬屈膝，就永远不要指望合理的和平。对于此，我们可以说一下雅典人被波斯攻打时的例子。还有罗马人所经历的一切重大战争，尤其是对付汉尼拔的时候。他们无不展现了这样的勇气与恒心，无论多么困难都不向敌人寻求和平，也不接受丧权辱国的和约。这样的美德，在一位高贵的君主身上，应该比在民众身上更为彰显。①

此外，除了军事整备之外，为了抵御威胁自己的敌人，还应当从事一切我们可以想到的可以损害他们的活动，而不要等到他们开战。因为就如过于畏惧敌人是没有胆量，完全不把敌人放在眼里是鲁莽，不及时防范则是缺乏头脑。而对于一位君主与将领而言，这是过于丑陋的事：在事与愿违的时候说，我不相信它们本是可以预见到的。而且也不应该怀疑，相比单凭武力，凭借议事会而远程操控的活动（尤其当这是凭借良善的理性进行的），对于战争

---

① ［K］Herodotus, *The Persian Wars*, bks. 6-9; Polybius, 9.5-9; Livy, 12.42-61.

和一切事务尤其是国家事务有同样或者更大的功效。因为凭借这样的手段,我们可以避免战争,或是将其转移别处,甚至是转移到想要开战的国家,这是君主和将领维持国家和平与繁荣最非凡的手段,也就是用尽一切手段将战争反弹给那些准备好向自己开战的人,或是让他们转向别处。但凡战争发生之处,除了有丧失土地的危险之外,还会造成太多的恶果和困厄,因为这事本身就带有风险。因此,那些防御它的人一直都处在担忧和劳碌之中。而在主导攻击且不畏被攻击者那里,就很少会有损失,而且他们还可能大大获利。出于这些和其他许多原因,毁灭迦太基的西庇阿说服罗马人(此时他们的国家正处在危险之中,因为汉尼拔在意大利对他们取得了一系列伟大的胜利)前往非洲攻打迦太基人。随后他便拯救和巩固了罗马帝国,毁灭了迦太基人的国家。而不久之后,汉尼拔也给正在与罗马人作战的安条克国王以相同的建议,但安条克国王认为这是个糟糕的主意,故而没有采信。[①] 我们也无需援引古代的例子,因为当今时代对此就有很多例子。有人说,在王国一角维持十年之久的战争,只要没有太大的损失,相比一年的在外作战危害更小,因为我们会获得那些一旦离开这个王国就再也回不来的金钱。但是我们发现,这样的观点是糟糕的。对王国整体而言,在某个边陲维持一年的战争,虽然没有损失什么重要的东西,但相比于在意大利维持十年的战争会更为敏感。我的确认为,

---

① ［K］Poybius,13.1-10;14.1-19;21.6-48.
　　新发现的抄本也许是此处的直接渊源,参见 A. C. Dionisotti, "Claude de Seyssel," in M. H. Crawford and C. R. Ligota, eds., *Ancient History and the Antiquarian: Essays in Memory of Arnaldo Momigliano*, London, 1995, pp.95-103。

相比于在遥远地区占领六座城市，不如在王国边境占领一座城市
（在我们可以正当地占领，而不造成更严重的战争的情况下）。对
此我后面会讲。但是，为了总结我们讨论的主旨，我认为，对异族
邻国保持威名与和平，防范他们对王国开战而共存的主要手段，就
在于井井有条地处置所有事务；准备好抵御任何突然袭击，还要
强化自身的手段，从而抵御蓄谋已久的大动作。此外，还要时时维
持好自己的朋友，好让他们在必要时给予支援；并且一直都要有谋
划和手段将战争转移别处，或是阻止和妨碍那些有意开战的敌国。

第五章
拥有和维持海军之利

　　法兰西王国比其他任何我们所知的王国都能更迅捷地抵御一切变故,这既是因为臣民在信仰以及对君主的服从上团结一致、尽心尽力,更是因为征收税金和征召常备军十分容易。不过,鉴于王国两面是海,还有另一点对于王国的防卫与名声极为必需和有益,即拥有强大的海上力量。因为这样一来,滨海地区不仅可以高枕无忧(这是广阔、强大而且优良的地区),而且也能够震慑所有靠海的邻国。这样一来,商品流通对于法国人来说,也会比现在更为畅通、更为自由、更为安全。这会为王国带来很大的利益。而当国王与某个邻国开战,就可以用更为强大的海军妨碍他们,而他们不得不在我们可以海上登陆的他们领地的各个地方都部署军队,他们的开支就会倍增,并会为自己的领地感到担忧;他们会害怕法国海军的奇袭,担忧法兰西王国会袭击他们的滨海地区。此外,凭借海军的便利,只要有一支装备精良的军队,就能在许多遥远的地方服役,一个地方接着一个——这是陆军所做不到的。

　　关于此,除了我们鲜活记忆中的那些海上强国,如威尼斯和热那亚,我们还在古代历史中发现,那些在海上强大的国家,相比那些只有陆军的国家,缔造了更为伟大的事迹,也更为突如其来,就如我们读到的有关雅典人、迦太基人还有罗马人的历史。在海军强大之前,罗马人从未有大的征服。而最为显著的例子,当属庞培讨伐海盗一事。因为在 60 天中,他清洗了整个海域,并让其可以通航,从而让所有罗马帝国治下的沿海城市和省份处于安全之中,而它们在过去都曾被劫掠,连罗马城也无法幸免,所以没人敢出海,除非是海盗碰巧仁慈。① 这在陆地上是做不到的,除非花上非常长的时间。

　　由此可知,海军的便利在于在很短的时间里做成大事,如我们说到的庞培或是海盗曾经所做的那样。他们即便人数微小,但是通过海军,不久就将罗马帝国乃至罗马城置于相当的畏惧与紧急之中,以至于人们想不出什么好办法来应对。而如果不是庞培的巨大美德与权威,罗马帝国还会深陷困境。但是,颇高的维护战船的成本会是国王与国家的一大开支,也会是人民的一大负担,所以我清楚知道,执行这一要点会有困难。尽管如此,当海上有战争的担忧和迹象的时候,就必须做到这一点,就如我们这几年看到的那样。而如果我们当时可以及时而充分地整备海军,我们本可以避免许多别的损害和损失,不必经历我们曾遭遇的险境。的确,当这些海岸没有战争的顾虑时,是无需在这方面作任何开支的,至少开支不要过大而扰民。而就如我们看到,有关常备军的法令有助于国家的安全,并能够震慑邻国,如果有日常维护的海军,王国无需大动干戈,像(如我上面讲过的)低成本地调遣常备步兵那样,与常备步兵一

---

　　①　[R]现代读者也许可以看出这里暗示了波利比乌斯对第一次布匿战争的叙述,当时罗马人与迦太基人争夺西西里,所以不得不整备一支强大的舰队。

　　[K] Cicero, *Pro Lege Manilia*, pp. 40-48; Plutarch, *Life of Ponpey*.

道，法兰西王国便会在各个方位都永久安全；也就能够在短时间内，实现伟大与名声，以至于可以向所有其他国家发号施令。国王若为之，除了获得荣耀以及为整个法兰西民族赢得声名外，还能为这两者带来莫大的利益。对于君主来说，他可以轻而易举地征服和防守，从而增益并不属于他的领土。而对于王国的居民来说，由于海上商品流通畅通无阻，可以增益财富，而许多法国人，也会因为这个理由致力于商业，而他们本来因为担心危险是不敢从事相关业务的。通过这样做，我们能够避免突然变故时的特别开支，既是因为没有人胆敢袭击这个王国，也是因为如果有人真的这样做，王国的军事力量是那么强大、那么迅速，以至于在实施其计划之前他就已经仓皇而逃了。而如果他们是许多国家串通起来的，我们可以一直骚扰其中某些国家，使得它们不能，也没有手段支援别的国家。

　　因此，我认为，尽管这个任务对于人民和一切并不考虑后果的人初看来是重负，但是，当我们随后认识到由此对于国王和整个王国所普遍带来的商业利益时，这负担也就显得轻了。而在这样做的同时，还要注意到，那些更可能因此受益者，如那些居住在沿海地区者，以及从事海上贸易者，要承担开支的更大部分。我们还要根据形势与时间，尽可能限制开支，尤其是人力。还需要有充足的手段，使得这些沿海地区与省份一直都有优良而大量的舰船配备，而无需国王与国家开支。必要时可以利用这些舰船，这能够对我之前所说的常备海军起到很大的帮助。有了海军的支援，法国人在任何地方的商品流通都会是安全的，而许多人看到其他民族在海上取得的巨大利润，就会自发效仿、制造和装备舰船用于贸易，而之后如果有战争，这些舰船也都可以用上。如我们的经验所见，所有海上强权的臣民都是如此而为之。

　　此外,由于这不是一蹴而就之事,所以国王和在他之下负责国家的人,应当与那些懂得此事务者一道,思考拟定和推进这一事宜的手段。对于这些手段,尽管我能列举一二,但是由于我没有这方面专长,也没有充足的知识,所以不会多作探讨。如果想要了解这方面事宜,我们在前文的建议之外,还可以发现许多好的提议。对此,我想说一个相当普遍的、这个王国的邻国用来损害本王国臣民的手段。但这一手段,法国国王其实可以比任何邻国都更轻易地使用,同时又不冒犯到它们,也没有因此引发战争或者争端的危险。这个手段即不允许外国船只装载法兰西的生活物资和其他商品运往别处,因为这个国家物产丰富,远胜于其所有邻国,所以相比别的国家更能够自给自足。因此,相比其他向我们出口的国家,法兰西能够更加毫无困难地规定向他们出口的货物。而以其人之道还治其人之身的做法,并不会导致他们的不快,除非存在相反的契约。而对于这些契约,我们时常是不屑一顾的,而即使在有契约的情况下,我们也能找到完全或者部分的补救手段,只要费心去慎重地理解和思考之,其对于本要点以及其他之前讨论过的事项来说都不是问题。这是因为在法兰西君主国,许多事情在其他许多国家是不可能的,但在这里是轻而易举的。就目前而言,我打开了这个主题,可供人们进一步思考。这样做的目的则在于,如果相关的事情发生了,我们可以找到许多富有活力与经验之人;相比在书中花费大力气陈说,他们能够更轻易地给出建议。

第四部分终,第五部分始

第 五 部 分

第一章
征服及守卫国家与地区的
形式与方法

我的论著最后一部分探讨的内容,相比之前讲过的任何要点来说,对于这个君主制的维系和增益都更为重要——即征服距离王国十分遥远的国家与地方并守卫和维持下去所应该采取的形式与方法。因为我们上面谈论到的大部分内容,涉及的主要是如何维持和维护这个王国,以及增益和恢复其财富。但是,由于每天都可能发生这样的事,即国王在妥善建言之下,出于良善的理性,在良善而正义的争执中,有意或被迫在其王国之外进行征服活动。而通过历史和鲜活的记忆来看,这样的征服活动开支巨大(无论是人力还是金钱)。而且,即便有充足的补给也不会持续太久。而说实话,王国如果打输了,蒙受的耻辱和损害比打赢的时候取得荣耀和利益只多不少。① 因此,思考和认识过去犯下的错误,从而能够

---

① [K]相比四年前庆祝对威尼斯的胜利,塞瑟尔在这里显著改变了想法。当然,他的看法对年轻的弗朗索瓦一世没有影响,弗朗索瓦一世正要入侵米兰,并会在马里尼亚诺取得一场辉煌胜利(1515 年 9 月 13—14 日)。

在往后要收复失地,或者进行新的征服的时候避免之,似乎是十分必要的。不过,我不会指名道姓或是谴责某人,而只会像之前那样作一般性的讨论。

第二章
战争活动之前应当思考
和准备的事项

首先,最为要紧的是,所有君主和其他操持国家者在从事这样活动之前,都应当深思熟虑,充分听取意见,命人检讨他们对他们想要收复或者征服之地主张的所有理由与争议,从而知道它们是否是正义的,是否在上帝与世人之前站得住脚。因为如果不这样做,上帝(它是完美的正义与真理)就可能不会予以帮助。尽管有些时候,上帝为了惩罚罪孽,允许我们将侵略对象从他们的祖产驱逐出去,但是,这样的战争永远不会有好的结局。归根结底,即便它在此世没有惩罚那些违背良心占领他人财物者,他们也不可能在彼世逃避惩罚。而即便他们在死的时候征服了全世界,这对他们也没什么利益,因为他们丢失了灵魂,受到永恒的诅咒,就如我们的救世主在福音书中所说的那样。①

其次,当我们说明第一点也是最重要的一点后,还需考量用什么样的手段进行和实施征服,以及我们可能遇到的阻碍,从而让我

① 《马可福音》8:36。

们看到和明白(尽明智和知晓此事宜之人的理性与理解所能及)这次活动是否诚实,是否存在无需冒太大风险就能实施的明显手段,或是其中的危险是否比想象的要更大。确实,为了防卫国家或是避免重大损害,只要有迹象表明冒险能够有帮助,有些时候就不得已要冒险。尽管如此,当涉及的是征服和主动的军事活动(这样的活动除了为了利益,是没有任何胁迫的),我们就要十分注意,如果达成目的的迹象不是那么明显,就不要去冒险。因为获取任何战争的果实都需要冒险。而在这样的情况下,相比在一日之内推进,宁可推迟十年。但是,如果有必要为了利益之外的其他目的而去征服(即为了荣耀),而且拖延会对其有损的话,我们就应该冒险,这既是为了捍卫我们最为珍视之事,也是因为所有高贵的君主,相比其财产都应该更看重其荣耀的损失。类似地,如果这场征服一拖再拖便可能会为我们的国家造成不可修补的损害,那就必须出手。比如这个国家会因此而落入敌人之手,而这敌人会在之后对我们的国家实施巨大的恶行。所有上述考量都取决于实践。我们还需要更多的经验而非学说来认识自己人,认识我们希望得到帮助和支持的朋友,认识敌人及他们的盟友的本性、能力与行为方式,征服战争所需的花费以及合适的时间;认识敌人那边可能做的事、我们想要征服的地区的特性、需要经过的道路与关隘,以及所有其他懂得战争之人想要充分了解的类似事宜。而尤其重要的是,不要轻易相信没有牢固基础的方案,也不要听信一时脑热或是对这样的事一窍不通之人的劝说,更不要轻信自己的贪欲或者欲望。相反,应该根据事情当前的状态,总是把事情想得更糟糕一些。而在深思熟虑反复检讨之后,如果根据良善的建言,我们发现应该征服,国王就可以站出来指挥实施。

　　最后是需要考虑我们是否有手段防卫和维护我们想要征服的土地,以及该土地本身带来的收益。因为如果我们明显发现我们不可能守住它却执意征服显然是疯狂的,只会白白损失金钱、时间与荣誉。因此,在这种情况下,对于我们明白看到的、在我们征服之后会让我们丢失它的阻碍和障碍,我们需要考虑是否有手段予以排除。如果有,则或是在开展征服之前,或是在征服期间,择更为便捷之机予以实施。如果没有,便放弃它,思考其他更为荣耀、更为有利之事。类似地,当我们看到,征服一块土地需要的花费比我们能从它取得的多得多,而且防御它的成本远胜于其所带来的一切利润,则也应当放弃征服。因为我们读到,罗马人曾出于同样的理由,拒绝那些真心向他们降服的国家与地区。我之所以说花费会比我们所期望的各种收益要大得多,并不是无缘无故的:虽然有可能花费超过了收益,但是,这个地方对于其他地方的安全来说,或是为了交通的便利,或是出于其他类似理由,其重要性如此之大,那么我们就应当对它格外关注,而不是关注那里能够获得的利润。同理,虽然一时间的花费与开支是过多的,但我们预期在短时间内开支会减少、收益会增加,这笔开支就不应停止。因为任何关心一时开支的人,几乎永远都不会去征服,因为在最开始,投入总是大于收益。简而言之,即便征服本身轻而易举,也应当考虑到其必要性和利益,同时兼顾当下与未来、荣耀与利益,就好比想要购买一块地,或是努力谋求一个他不确定是否能得到的官职或是圣俸(为此他不可能不花力气和投入)所要做的那样;而如果他得到了,也要考虑如何让它和平地留在自己手中。

第三章
实施战争的必要事项

　　首先，在我们进行了各方面讨论，决定要进行战争的时候，就必须迅速实施，在所需完备之后尽快为之，因为延宕会给敌人以空间和余裕去巩固自身，并反过来通过军力和谋略作好准备。同样，在发起者那方，事情会昭然若揭，军心冷却，投入增多，这样一来，时机就随着时间而消逝，就会引发一些危险，妨碍到整个行动。但是，在还没有配备足够的必需品之前，也不应该过于草率行事。其次，实施征服需尽心尽力，补给迅速，一切所需物资供应充足，任何一样都没有缺失或者拖延；而为此需要有专业的、可靠的、尽职的人士，且要人数充足——这样我们才能将不同任务分派给不同的人，相互之间互不干扰。尤其还要有这样的将领，他应当拥有之前我们说过的权力与权威。而且，如果君主并不是亲自出征，他应当派遣若干位其身边重要的顾问，让他们放下一切事务而专务战事。而他本人也要在有必要作出涉及此战的回应或者准备时征求他们的意见，使一切都能成熟而迅速实施——这是一切事务中最为必要的两大要点，尤其是对于战争而言。最后，需要利用一切能够损害敌人的手段（或是通过谋略或是通过武力），且不应该忽视任何或多或少有助于征服、削弱敌人的朋友与支持之事。此外,能够充分供应的东西不要节约,从而缩短战争时间;宁可增加两倍开支来迅速实施,也不要为了节约而拖延。因为拖延可能带来四倍多的开支,更何况还有别的危险与风险。尤其是法国人,应当尽快推进战争,因为在最开始,在他们刚到的时候,相比长期驻留、热血冷却之后要善战得多。① 出于同样的理由,我们能够通过金钱或者迅速行动而没有风险取得的东西,就不应该等到后来用武力来取得。而对于这个主题我们不必再进一步讨论,因为这是那些负责这类活动之人的职责所在。尽管如此,我还是希望提醒上述三点。虽然我知道,将领们对此烂熟于心,但是我们还能清晰记得,在我们这个时代,我们在这方面犯了不少错误,并因此产生了许多大的不利。

---

① ［K］参见 Machiavelli, *Discourses*, 3.36；Livy 10.28.4。当然,这可能是塞瑟尔自己在米兰的经历。

第四章
守卫与维持新近收复与征服的
国家与领地的手段

还有第二个要点，即为了长期守卫和维持新近征服的国家与地区，应当采取怎样的手段。尽管根据我们所经历的事情，以及通过阅读我们上面提到的论著与史书，我们能够清楚理解我们在这一部分要说的东西，但是，遵循我在这部论著中之前一贯的风格，我将会用简短的话归纳一下在我看来在当下最为紧要的几点。在我们鲜活的记忆当中，这几点是我们最容易犯错的；而根据这些要点我们能够明白和评判法国人丧失他们征服的国家与地区的原因。简明起见，需要对此预设两样必要的条件，即军力与政治秩序。对于发动战争而言，军力是必须的，因为虽然在一开始征服者得到了服从，但在他看到情况稳定和停息下来以前，他不应该撤走军力。相反，他应该继续乘胜追击，让战争彻底终结，以至于无需再战。而做到了这一点，在我们给一切涉及司法与政治秩序的必要事务以良善秩序，并让那个地方的事务安定下来以后，我们可以撤走军队，以免对被征服地区造成太大的开销与负担。不过，在一段时间里，在我们通过长期经验，更为清楚臣民的善意并确保这块地方不会为邻国所占之前，我们还是应该留有一定数量的军队来保卫它，以免有任何突发情况。此举同样也是为了保护司法政治秩序（police）和财政官员。但是，司法与行政方面的秩序的重要性还远不止于此。因为这秩序必须一直维持下去。如之前所说的那样，只有它才能规范军人和军力的状况。

第五章
涉及军力的一般性事项

不过,这两样事我无意具体讨论。我将从军力开始说起,而不重复我之前所说的有关王国的维护和军纪的内容。这些内容都适用于这里的主题,但是与守卫古老疆土相比,守卫新征服的土地还有一些考量。对于这些考量,任何征服者都应该十分注意。第一,需要注意我们能最明显预见到的、可能让我们丢失新征服地区的危险,并根据危险的大小,作必要的防范。而众多危险之中,需要考虑的是,丢失了这个地区的君主是否还活着,或者他的家族中是否还有人能争取或扰乱这个地区。① 第二,民众与臣民是否普遍倾心于他们,还是说他们得到了某个派系的支持。如果是后一种情况,这个派系在当地是更为强大还是更为弱小的。第三,邻国的君主或者国家是朋友、敌人还是中立的。第四,这个地区是否有很多的要塞和关隘;此外,生活品和其他物品是否丰裕,可以凭借这些东西防卫,还是说是贫瘠的。第五,它是否邻接征服者的国家,可以及时增援,还是说离本国很远。

所有这些事项考虑好之后,如果那边足够稳固,无需维持庞大

---

① [K]参见 Machiavelli, *The Prince*, chap. 6。

的驻军，那么我们应该留尽可能少的军队，这既可以避免当地及其臣民的开销和负担（如前所述），也是因为军人天性好战好争斗，以此为生，很容易与邻国发生吵闹，继而引发一场大战。且相对地，即便他们的军饷有多好的保障，他们还是会做出若干令当地居民不快的事，尤其当涉及妇女与住宅时。实际上，这支军队只有在必要时才被需要。而出于某些理由与考量（如我们上面讨论过的），有必要在那里部署大军，就需要妥善思考应该怎样做。因为如果被征服的地区是可疑的，且多战斗人员，或者其民不善作战，敌人却邻近且强大，就必须留驻外国雇佣兵。这是一笔大开支，并会产生许多不便，因为那些取得了好的战利品或者其他利益之人，总是希望将其带回自己家中。而如果完全不这样做，如果需要遵守管制（如必要的那样，就如我在后面会说的），他们就几乎难以靠自己的薪水维持，因此不得不抛弃这个地方。而他们如果出于荣耀不愿这么做，则至少会寻求冠冕堂皇的借口离去。而只要能够活命，他们并不在乎失掉这个地区。同样，当地之人，由于知道他们对自己没有任何的爱护，并对他们的存在感到烦躁（而且他们的存在带来的更多是烦恼和骚扰，而非利益和愉悦），所以就会希望卸下这个负担。于是他们很容易支持那些想要驱逐当地守军的人，即便他们比我们的驻军更糟糕。但他们只有到事后才会意识到这一点。而且，他们也早已被仇恨与激情蒙蔽了双眼。因此，同时面对当地人和士兵方面的不利情绪与态度，是不可能或者难以长期守卫该地的。

第六章
无法信任新征服之地人民时
应该采取的防范

    而在不持续驻军威慑当地人就无法确保控制这个地区的情况下,如果君主还要去征服并守卫它,则是没有得到好的建言。相反,如果在那里有正当的主张,更好的做法是与该地的占有者订立某种诚实的约定,或是在那里扶植一位特别的领主(我们则取得他的帮助和效劳),而不是去守卫它,就如亚历山大和罗马人在很多地方所做的那样①;除非真的是为了其他领地的安全,此举的利益超过了开支,必须亲手掌控。这样的情况下,就必须尽可能地为上述困难做准备,即在士兵方面,确保大多数或者其中主要的士兵对这个地区怀抱爱意,希望在那里驻留,给他们财物,可以在当地售卖,或是安排他们在当地婚娶。因为通过这个手段,他们会熟悉当地人,并学会如何与他们共存,诺曼底公爵威廉征服英国之际就是这样做的。因为他派遣了手下很大一部分人,而又是那些人后来在守卫英国。罗马人和希腊人也做了类似的事,他们在他们征服

---

    ① [K] Polybius, 18. 37.

的地方挑选最为合适的场所,缔造了城市,他们称之为殖民地(col-onies),派他们的人民去那里定居,并给他们分派房子与土地,让他们居住和劳作。而随着时间推移,他们就学会了当地的风俗与习惯。虽然他们是经过深思熟虑留在那里的,也与邻国礼尚往来,但是他们时刻准备好为了他们领主的事业而拿起武器。其他前来与他们一道在这个城市定居的人也会这样做,因为所有人都被认为是来自相同的民族,并享受相同的特权。其他有些征服者会赶走当地人,因为他们认为无法获得当地人的忠诚;并在该地放入他们自己人或是其他从别处带来的外国人①,亚历山大大帝在许多地方就是这样做的,他之后的继任者也是如此。但是,这是极不人道,也极难实施的。所以前一种手段更为便捷,但如此一来,由于我们无法留驻大量士兵,就需要对剩余的士兵采取其他补救手段。也就是说,让他们轮流驻扎,或是每年更换——这种方案我们认为是最合适的,或是给他们增加薪水,或是在他们的家乡给予他们别的头衔与好处。还要给他们以希冀,即如果他们忠实地服役的话,他们可以通过战争或其他手段获得好处。而未经将领许可而脱队者,或是为了返回家乡而喧哗者,或是犯了其他过错而无法为自己开脱罪名者,当严厉惩罚。

这就是在我看来我们在这种情况下,针对我们留在新征服地区的士兵可以采取的方略。针对居民,除了要让士兵遵守纪律外,还要尽可能去说服他们,让他们能更愿意去忍受这些驻军。比如告诉他们,军队驻扎可以带来金钱,而且在看到他们是善良忠诚的

---

① [K]有关巴比伦之囚,2 Kings 12:4。

臣民之后,就会解除驻军;驻军是为了保护他们,不让他们被敌人和其他类似之人劫掠等等。而最重要的莫过于将领要善待当地人。他应当以实际行动展现对这个地方和当地居民的爱,表明他不想让他们的人身、妻子和财产受到侵犯。而如果君主本人在那里驻留一阵子,就更有助于赢得民心了。还有一个方法可以派上用场,这是自古以来所有征服者都适用的,即在被征服土地上扣押人质。这些人质来自那些地方的要人,数量要足以让其他人感到畏惧。① 而这还可以通过隐蔽的手段进行,比如打着在王国养育他们、教他们语言或者其他类似的幌子。

---

① ［K］E. g. , Livy, 37. 45; Polybius, 18. 39, 36. 4.

第七章
在我们可以信任当地人民之后
应采取的措施

　　当我们因为新近征服之地的民众心怀恶意或是不善军事，所以无法信任他们的时候，就该做我之前说的那些事。但是，如果他们看上去值得信赖，至少已经有人数充足的部分可以为国服役，那在我看来，将他们吸收入征服者的军队，放在自己其他部队之间，是十分必要和合适的。这样一来，他们可以学习如何像其他人那样生活和作战，而且还能形成对民族之爱；给予他们中某些要人以官职也不失为好办法。因为通过这种手段，我们不仅赢取了那些支取军饷之人，而且还有他们的亲属、朋友。这样做我们也可以给其他人以希冀，并表明我们信任所有人。这样，他们就能以低于雇佣兵的薪水维生，对地方的负担也就更小，尽管他们可能并没有其他人那么优秀，但是这会随着时间推移而改进，尤其是我们可以希望得到更大的效劳的士绅和富裕家庭。罗马人、希腊人和所有别的古代征服者都是这样做的。从长远来看，如果不利用当地民众，君主是不可能守卫一块遥远的、需要驻军的地区的。因此，今天突

厥人统治者的祖父①，在征服了希腊和其他许多基督教王国和省
份之后，考虑到用自己民族之人难以守卫，就发现了这样一个方
法：在这些被征服地区，选择基督教居民的子嗣，命他们成为军人，
并称其为"热尼赛尔"（genissaires，即"禁卫军"）。② 但这是一种暴
政，最终成了这个国家毁灭的原因。因为那些"热尼赛尔"对突厥
人专制而残酷的统治不满，遂将国家瓜分。我们尤其要知道，这些
"热尼赛尔"分不到土地与领地，而只有军饷与役务。因此，我所讲
到的方法要更为文明、更为合理得多。

---

　　① 即苏莱曼（1494—1566）的祖父、灭亡拜占庭帝国的穆罕默德二世（1432—
1481）。

　　② [R]禁卫军是奥斯曼帝国鼎盛时期由奴隶组成的一支强大的军队，构成了帝
国步兵的精英。禁卫军出自"官府奴"（esclaves de la Porte），他们在行政和军队中占
据最具影响力的职位。从 16 世纪起，土耳其人会固定在被征服地区征募 10 到 15 岁
的年轻基督徒儿童，这些儿童被送往伊斯坦布尔，他们在那里开始了见习期，随后被
改造为土耳其人、穆斯林和战争专家。

第八章
应如何巩固、补给和防卫
这些地方,无论是就军官、
士兵还是其他事宜而言

前面我们讨论了士兵,接下去还要阐述巩固和补给可守之地的方式,尤其是处在国家边陲的要地,以及那些我们能够轻易支援,从而维持至少一整年围城战所必需的火炮、弹药和物资的地方。应当下达命令确保上述补给从不中断。而如果出现疏漏,也能查清是谁担责。同样地,要为那些地方提供优秀的军官和充足的士兵;这些士兵需可靠、忠诚,只要他们知道会得到救援,就能够忍受一切困境。而为了杜绝有人私下与敌人签订和约(除非是极端必要时),我们应当在那些地方安排外国人,他们在那个地区没有利益。因为当地人可能更容易密谋,我们在这种情况下,如果对他们没有充分了解和考验,就不能完全信任他们。而且,我们安排的外国人数量也不宜太多,除非是情况所需。而尤为必要的是将领能够得到爱戴和尊重,将领不仅要对战争有历练,而且也要善于在围城战中防御、巩固和防卫。因为有的人虽然善于战斗,但是在这种情况下是不知所措的。此外,他们在经验之外,还要有很强的理智与辨别力，从而能够克服和防范许多这种情况下会发生的事情，尤其是给予同伴信心与希望，防止他们哗变和内讧；懂得如何分配生活品，修补和做一切被围困之地所需要做的这类事。他们还要根据地方的重要性，对各地进行布置和维护，从而让他们没有任何机会因为贫困或者怨恨而做坏事。此外，我们还应该对他们有深入了解，知道他们不会太过看重自己的利益和谋划，否则的话，即便他们不会恶意地将要塞献给敌人（将领这样做总是令人担心的），但是，由于小气，他们不会去做许多必要之事，也从来不受同伴爱戴。同样，还会有许多交易让他们在外面牟利，这是不合适而且危险的。因为军官除了补给和守卫他们的地方外，绝不应掺和司法、城市管理和其他事宜。相反，他们还有他们的手下从来都不应该去遥远的地方（除非是有重要原因），与城市和农村不应有重大的生意往来。而且，除非是这些地方的事务所需，应当禁止他们进入，否则通常会造成许多弊害。对军力的讨论到此为止。

第九章
在征服之地维持政治秩序的相关事项

至于政治秩序（police），无论是在新近征服的地方，还是在其他地方，毫无疑问都要妥善维持。尽管如此，我们通常是反其道而行之。尽管我们通过之前所说的东西，对于一般而言涉及政治秩序的必要之事已有相当的了解：维持好的司法，让军人遵守秩序与军纪，并妥善处理有关当地政治秩序的事宜；同样还有保障生活品的充裕、商品的流通，平息所有争执和其他类似之事。尽管如此，我想具体讲几样事，这在我看来是有必要得到具体理解和实践的。因为在这种情况下，我们应当做所有我们认为对所有人或大多数人感到愉快的事（只要这些事不会有损于君主和国家），并放下那些一般来说会让他们不满且不快的事。我不妨举例一二。

首先，对于涉及司法的事情，我们应当做到人人平等，并派遣懂得司法并愿意为之的人。因为这样做不仅让上帝满意，通常也能够让所有人民，以及那些相反想要追求他们私利的人满意——因为（当我们拒绝他们的时候）他们知道自己错了，打心底尊重对他们公正对待之人。

其次，涉及臣民生活方式之事，对此君主没有任何利益或者很少,那就有必要(至少在最开始)让他们自由生活和使用他们古来的习惯,而不要强迫他们采用别的生活形式;相反,是要尽可能地让(与他们生活在一起的)外国人遵循他们的风俗与习惯,除非是当地人主动改变。① 这是亚历山大大帝在其征服之地广受爱戴与服从的手段之一。因为在按照自己的习俗生活的同时,他们明白君主尊重他们、爱他们,愿意与他们同生死——即便长远来看,我们应当通过温和的手段,顺应时机,就如罗马人曾经所做的那样,让他们尽可能向君主的风俗与法律靠拢,从而让他们忘却他们古老的习俗,与君主的其他臣民更好地共存。而如果君主无法长期驻留于被征服之地,他至少应该向人们表明自己在那里感到很愉快,希望一有机会就再来作停留。且他愿意动用其国家的其他部分和他自己,来捍卫和维护这块土地。尽管如此,他还要在那里留下某位善良而显赫的人物作为代理人;这人由于自己的品格与地位,受到人们的尊敬,而且还要具备我们之前所说的那些品质(如果我们能找到这样的人的话)。而无论如何,他都应该是诚实生活之人,有礼有节,用度节制,且无论是在战争还是议事会中都有善良且显赫之人辅佐。而且他还要有大而广的权威,以至于臣民像对君主本人那样敬重他、服从他,并向他寻求解决纠纷,以及轻微案件中的宽恕。重大的案件,君主应当是预留给自己的,就如之前所说的那样。类似地,涉及臣民之间的诉讼,君主应当派遣在这一方面有完整权威的长官,还有若干富有学识、智慧和经验的官员,他们应当熟悉当地的法律与习惯。由于外国人难以很快做到这一

---

① 　参见马基雅维利,《君主论》第3—7章,以及普鲁塔克的《亚历山大本纪》。

点,就需要在当地人中挑选最为胜任、最有声名者,来让当地人满意。但是,长官应当是外地人,备受敬仰,而且还要富有美德,能够将其他人引向正路,并用理性处置事务,而不畏惧或偏袒任何人。对于这位长官,君主和代理人应当给予全部支持与协助,不得以任何手段妨碍司法程序,而是要下令司法得到实施,并尽可能地维持司法。因为通过这样做,臣民们对君主会有更多的爱戴,并生活在更大的畏惧之中。而当他们看到君主对司法不甚看重,他自己还有他的官员和代理人都没有尽力推进司法,没有为维护当地政治秩序而要做的事宜尽力,爱戴和畏惧就会转化为仇恨与蔑视。

最后,君主,他的代理人和官员,应当对当地人尊重,欢迎和款待,尤其是大人物以及那些在人民当中最富威信者。对于他们,我们希望得到他们的效劳。所以,不妨将这个地方大多数的圣俸与官职分派和给予他们还有他们的子嗣、亲属和朋友(只要有能力胜任)。但同时也应当保留最为重要的官职——无论是有关国家还是司法和财政的。这些职位,君主应当安排自己长期的、忠诚的仆人,而他应该选择前文说过的那样的人。此外,如果可能,这些人应是令当地人感到适宜的,且遵循他们的习惯。而且最重要的是,他们要爱他们的良知和荣耀而非私利。此外,如果当地的某些大人物立了大功,且他的功劳令大多数人民以及足够多的人感到愉快,给他们以某些最为重要的职位,乃至在一段时间内让他们担任最主要的职位也并无不可,只要我们发现他们贡献有加。因为所有理性的民族,都更喜欢由他们自己家乡和本民族的人所统治——相比外国人,他们懂得他们的习俗、法律与习惯,与他们拥有相同的语言和生活方式。

第十章
应如何统治有内部纷争的地方

不过,有的民族却有不同的看法,这是因为他们有内部纷争(partialité),这纷争已经极端到其中一个派系宁可受到外国人的虐待,也不愿意被对立派系的某人(即便这人有多好)妥善统治。这种情况下,征服此地的君主,应当总是派遣一位外国人作为长官,他需拥有我之前所说的那些品质,或是尽可能接近。此外,一有机会,他就应当努力用一切手段消除这一纷争,并让他们一致忠诚于王国。但如果他看到这不可能,就至少应该让这样的纷争不要公开化,尤其是在涉及国家与公共善的问题上。而至于他本人,则不应该展现出支持某个派系的立场;相反,只应该关照那些最为优秀、表现最佳的仆人和臣民。对于那些人,无论他们属于哪个派系,他都要给他们荣誉、善待他们。也就是说,无论他们之间在其他事务上有怎样的分歧,他需要得到两个派系同样的爱戴和满意。但是,如果他通过经验或者其他途径明确查知,一个派系对他顺从,而另一个对他有敌意和畏惧,在这种情况下,他应该以任何方式努力强化与他为朋友的派系,但这样做的同时不要违背自己的良心或是损害到任何人。也就是说,在官职、头衔、职务和利益方面,以那个派系的人优先,根据他们的功劳授予他们地位和土地,并对他们展现出比对另一个派系更多的信任。尽管如此,他不能明示这样做是出于派系之见,而是依据其所晋升之人的功劳与服务;而对于其他派系,如果看到有优秀忠诚之人,他也会这样做。通过这样做,他也可以吸收另一个派系或者是他们中的一些人,甚至是在重要事务上任用他们。而不管怎样,他在民事诉讼中要平等对待他们。但是,在有重大利益与权威的国家事务上,应当优先任用最忠诚于君主之主张者。因为,与其说让善良的、支持我们的一方处于弱势和不满,而强化我们不抱希望赢得其心的另一个派系,我们更应该支持愿意全力支援和捍卫君主利益的一方,而不要对我们无法指望的一方给予多大重视。因为如果两方都不满,就很容易一致对付君主。但是在这个方面一定要小心行事,免得一方抱怨我们对其没有作出公正对待。也不要承认君主和他的主要官员支持任何一方;而且在实际上他也没有支持任何一方,除非是国家安全所要求。

此外,还要考虑相对立的一方是更为强大还是更为弱小的,因为如果它是更为弱小的一方,就很容易通过上述手段削弱它,或是让它一直处在无法产生损害的低位。那样的话打压它就不会费太大力气。但是,如果它是更为强大的一方,且我们根据经验认为无法赢得它的支持,就必须尽可能吸收他们中的友善者,善待他们从而让他们变得忠诚,而其他人也愿效仿他们。在此期间还要与他们周旋,让他们处在低位而没有能力做坏事,确保我们总能够与另一方一道让他们臣服。对他们进行监视也是十分重要的,尤其是在可疑的时期;而如果我们发现他们有过错,则严厉惩罚他们。此外，如果我们看到危险迫在眉睫，即便我们没有他们犯了什么过错的充足证据，怀疑他们也是合法且妥当的。我们可以将他们遣送到其他地方，或是强迫他们留下担保和人质，派遣外国人到他们的要塞，并采取其他合乎实际情况的手段——前提是如果我们发现他们没有过错，就不会让他们蒙受任何损失和损害。所有好的君主和统治者都曾这样做，这也并不有违神圣法。

当今法兰西君主天资聪颖、多蒙神恩，更兼年富力强，备受人民尤其还有贵族的爱戴。毫无疑问，如果他按照上面所说的去做，或是遵循建言，只要他一直眼前有上帝，并一如既往地虔诚，他将会比从前任何一位法国国王都更为卓越，创造更为伟大、更值得铭记的业绩——因为一切都是上帝的安排。而上帝，看到他的诚心，每天都会给他更大的帮助，并在所有行为处事上引导他，让他能够凭借自己的手段，为上帝、我们的信仰和基督宗教之荣耀，为了上帝以及法兰西民族之名号的永恒荣光，去光复圣地以及异教徒所持的帝国、王国、地区与省份。①

---

① 该段于抄本中无，为印刷本所加。

附　录
《法兰西君主制度》抄本目录[*]

---

* r＝recto,指正面;v＝verso,指反面。——译者

图书在版编目（CIP）数据

法兰西君主制度 / (法) 克劳德·德·塞瑟尔著；董子云译 . -- 北京 : 商务印书馆，2025. -- (汉译世界学术名著丛书). -- ISBN 978-7-100-25031-3

I . D756.521

中国国家版本馆 CIP 数据核字第 2025BQ5728 号

汉译世界学术名著丛书

法兰西君主制度

〔法〕克劳德·德·塞瑟尔　著

董子云　译

商 务 印 书 馆 出 版
（北京王府井大街 36 号　邮政编码 100710）
商 务 印 书 馆 发 行
北京虎彩文化传播有限公司印刷
ISBN 978-7-100-25031-3

2025 年 6 月第 1 版　　　开本 850×1168 1/32
2025 年 6 月北京第 1 次印刷　印张 7⅜

定价：46.00 元